붉은 말

## 붉은 말

· ⓒ백성민 2018

| | |
|---|---|
| **초판1쇄 인쇄** | 2018년 7월 25일 |
| **초판1쇄 발행** | 2018년 8월 1일 |
| | |
| **지은이** | 백성민 |
| | |
| **펴낸이** | 박대일 |
| **편집** | 이문영 · 임유리 · 신지연 · 전보라 |
| **마케팅** | 임유미 |
| **디자인** | 박현주 |
| | |
| **펴낸곳** | 파란미디어 |
| **출판등록** | 2004년 9월 14일 제313-2004-00214호 |
| | |
| **주소** | 03992 서울시 마포구 동교로23길 14, 국제빌딩 6층 |
| **전화** | 02.3141.5589 영업부 070.4616.2012 편집부 |
| **팩스** | 02.3141.5590 |
| **전자우편** | paranbook@gmail.com |
| **카페** | http://cafe.naver.com/paranmedia |
| **페이스북** | http://www.facebook.com/paranbook |
| | |
| **ISBN** | 978-89-6371-529-2(07810) |

\* 이 책의 판권은 지은이와 파란미디어에 있습니다.
　이 책 내용의 전부 또는 일부를 재사용하려면 반드시 양측의 서면 동의를 받아야 합니다.
\* 잘못된 책은 구입하신 서점에서 바꾸어 드립니다.

# 붉은 말

백
성
민
 이야기 그림집

파란미디어

# 조금은 사적인 작가론

성실함과 치열함이 빚어낸 백성민 만화에 대해

# 1

출판사 사무실에서 백성민 작가, 편집자들과 회의를 했다. 그동안 새로 그린 만화를 어떻게 묶을 것인가를 의논하는 자리였다. 회의를 마무리하며 편집부에서 해설을 부탁했다. 백성민 작가는 "박인하는 나보다 내 만화를 더 잘 알아. 매번 평론을 썼어."라고 했다. 인터뷰 두 번, 단행본에 해설 두 번, 작가론 한 번에 크고 작은 평론을 몇 번 썼다. 1995년 '우리만화 가까이 보기' 전시와 함께 출간 예정이었던 인터뷰 책자에 수록될 인터뷰를 위해 백성민 작가를 종로 YMCA 호텔 지하 다방에서 만났다. 백성민 작가는 만화 평론을 한다며 찾아온 젊은 후배에게 자신의 삶, 만화에 대한 생각 등을 성실하게 이야기해 주었다. 2014년 새롭게 창간하는 무크지 『managa』에 수록된 두 번째 인터뷰에서는 붓을 들어 그림을 그리며 이야기를 나눴다. 이런 성실함과 치열함은 만화에도 고스란히 배어 있다. 선 하나에 깃든 성실함과 치열함이 주는 희열과 마주하지 못한다면 백성민 만화의 진정한 재미를 느끼지 못한다 생각한다.

1995년 첫 인터뷰는 1986년부터 1991년까지 무려 5년 동안 『장길산』(전 20권, 1987~1991, 풀빛)을 완성하고 난 이후 백성민 역사 만화가 방향을 잡아 가던 시기였다. 이후 『삐리』(전 3권, 1999~2000, 서울문화사), 『토끼』(전 5권, 1998, 서울문화사) 등의 걸작 역사 만화를 연이어 연재했다. 해설을 쓴 단행본 『上자下자』(2001, 바다출판사)는 『빅점프』에 『토끼』와 『삐리』의 연재를 마무리하고 인터넷 매체에 연재한 만화로, 이 작품 이후 백성민은 성서 만화 준비에 들어갔다. 『上자下자』에 이어 두 번째로 단행본에 해설을 쓴 『광대의 노래』(2007, 세미콜론)는 성서 만화 준비가 슬럼프에 빠지며, 만화 작업 전체가 멈추었던 시기다.

"자격이 없었던 것 같아. 성서를 만화로 그리려면 믿음이 있거나, 돈만 보거나 둘 중 하나여야 하는데, 난 둘 다 아니었어. 난 내가 하면 잘 그릴 줄 알았거든. 어떤 단계로 넘어갈 자신이 있었지. 그런데 나이 먹고 눈이 어두워지니까 그림이 안 되더라."[*]

슬럼프에 빠져 있던 작가는 후배 작가인 양영순의 제안으로 가벼운 소품을 블로그에 연재하기 시작했다. 『광대의 노래』는 블로그에 발표한 소품을 모은 책이었다. 나는 『광대의 노래』에 묶인 그림 우화들에 대해 "백성민의 작품처럼 보이지 않지만 백성민의 작품이고, 백성민의 작품이지만 백성민의 작품처럼 보이지 않는, 그야말로 '서로 버티어 대항한다'는 길항拮抗"을 보여 주는 작품이라 평했다. 2014년 두 번째 인터뷰에서는 원고지

---

[*] 박인하, 「백성민의 말과 춤」, 『MANAGA』 1호, 거북이북스, 2014, p.74.

와 펜 대신 화선지와 붓을 잡은 이후 이야기를 담았다. 광명동 자택에서 커다란 화선지에 꾹꾹 먹을 눌러 말을 그리고, 말뚝이를 그렸다. 작가는 과천 경마장을 다니며 말을 그리다가, 현대 무용가 홍승엽 선생의 춤을 그린다고 했다.

"그림쟁이는 어떻게든 계속 그림을 그려야 되는 거야. 자신 앞의 바위를 계속 뚫고 나가야 하는 운명인 거지."[*]

인터뷰를 통해 작가의 진지함과 만났고, 주요 시기를 매듭짓는 작품에 졸문을 남겼다. 그 인연이 다시 오늘 이 지면으로 나를 불러낸 것이 아닌가 한다.

## 2

이 책 「붉은 말」은 백성민 작가의 그림과 생각을 모은 책이다. 새로운 단어로 부르자면 '백성민의 생각 그림' 정도다(예전에 백성민은 『장길산』을 '마당 그림'이라 불렀다). 이 그림과 생각을 '만화'라 불러도 타당할까? '만화漫畵'라는 단어는 제대로 된 형식에 맞춰 그린 그림이 아니라 편하게 그린 그림을 부르는 용도로 고안되었다. 그러다 서구에서 도입된 만화를 부르는 용어로 활용되었다. 서구에서 만화를 부르는 용어들도 현재 만화와 한참 거리가 있다. 우스개comics이거나 아니면 정식 그림이 아닌 밑그림cartoon 정도로 불렸다. 스콧 맥클라우드Scott McCloud는 『만화의 이해』(김낙호 옮김, 2008, 비즈앤비즈)에서 윌 아이스너Will Eisner를 이어받아 만화를 '연속 예술Sequential Art'로 정의했다. '시퀀셜Sequential'은 '연속적인'이라는 뜻과 함께 영화에서 하나의 주제나 공간이 연계되는 장면을 뜻하기도 한다. 만화는 영화처럼 시퀀스와 시퀀스를 이어 붙여 이야기를 만든다.

「붉은 말」에 수록된 작품들은 작품에 따라 다르지만 대개 여러 그림이 시퀀스를 만들고 이 시퀀스가 연결되어 이야기를 만든다. 형식은 그림책처럼 그림과 글이 분리되어 있지만 그림책과는 다르다. 그림책은 그림 한 장이 하나의 시퀀스인 경우가 많다. 표제작이자 2013 네이버 한국만화거장전에 연재되어 폭발적 인기를 끈 「붉은 말」을 보자. 웹툰으로 공개한 「붉은 말」을 새로 그려 책의 표제작으로 삼았다. 그림책처럼 커다란 페이지에 그림 한 컷, 글 몇 줄이 오른다. 하지만 「붉은 말」은 서로 다른 그림이 연속되어 하나의 시퀀스를 구성한다.

첫 번째 컷부터 세 번째 컷까지 도입 시퀀스다. "내 아비가 모시던 장군의 아들과 나

---

[*] 박인하, 같은 책, p.80.

는 어릴 때부터 '일심동체'."(p.19)라는 내레이션이 나오는 컷부터 시작해 이하 10개의 컷이 적토마와 김유신의 관계를 보여 주는 하나의 시퀀스가 되고, 26페이지부터 이하 8개 컷이 전장에 나선 적토마로 또 다른 시퀀스가 된다. 이 컷들을 스크롤로 연결하면 유려한 웹툰이 되고, 칸 안에 담아내면 만화가 된다. 『붉은 말』에 수록된 상당수 작품은 표제작 「붉은 말」처럼 시퀀스와 시퀀스가 연계되어 이야기를 만드는 만화 형식을 보여 준다.

화선지에 붓으로 그려도 백성민은 만화가의 DNA를 보여준다. 만화가는 춤을 보고 한 컷을 그려도 그 안에 움직임을 담아내려 노력한다. 소나 말 같은 동물을 일필휘지로 재현해도 그림을 자랑하기보다 동물의 생명을 보여 주고 싶어 한다. 칸과 칸에 그 욕망을 구조화하느냐, 아니면 한 컷의 그림에 담아내느냐가 다를 수 있지만, 천생 만화가는 그의 말대로 어떻게든 계속 그릴 수밖에 없다. 이 굴레는 기쁨이기도 하지만 한번 붙들리면 빠져나올 수 없는 천형이기도 하다. 세르반테스가 감옥에서 『돈키호테』를 썼듯, 정약용이 유배지에서 수없이 쓰고 또 썼듯 만화의 감옥에 붙들린 작가들은 그리고 또 그릴 수밖에 없다. 백성민 작가도 그랬다.

## 3

백성민 작가는 1948년 경상남도 통영에서 태어났다. 네 살 때 국민학교 교사였던 할아버지를 따라 거제에서 국민학교에 들어가느라 가족과 떨어지게 되었다. 중학교는 부산으로 진학했다. 이곳에서 1년 선배 이홍우와 만났다. 한창 만화 습작을 하던 이홍우를 따라 백성민도 만화를 그리기 시작했다. 고등학교는 부모님이 계신 서울로 올라와 서라벌고등학교에 진학했다. 이홍우도 서울로 유학을 와 서라벌고등학교를 다니고 있었다. 이미 이홍우는 준작가처럼 여기저기 만화를 투고하고 있었다.[*] 백성민은 이홍우를 따라 미술반에 들어갔고, 만화를 그렸다. 당시 서라벌고등학교 옆에 1960년대에 최고 인기를 누리던 『라이파이』의 (김)산호 작가 화실이 있었다. 미술반 창문에서 산호 작가 화실이 보였다. 어느 날 작업실을 바라보던 백성민에게 산호 작가는 오라는 손짓을 했다. 산호 작가의 화실에 막내로 들어가 먹을 갈거나, 지우개질을 하는 등 허드렛일을 도와주면서 만

---

[*] "이 화백은 부산에 살던 중학교 2학년 때 시사만화를 그리고 싶다는 일념으로 서울행 가출을 감행했을 만큼 일찍부터 시사만화가의 꿈을 키웠다고 한다. 그는 서울에 올라와 당시 대표적인 시사만화였던 '고바우 영감'의 작가 김성환 화백 전시회에 찾아가 무작정 자신의 작품을 김 화백에게 보였고, 고등학교 때부터 서울에 유학해 여러 신문과 잡지에 만화를 그리며 준작가 생활을 했다."(송화선, 「40년 만화 인생 책으로 펴낸 시사만화가 이홍우 화백 부부 인터뷰」, 『여성동아』, 2007. 12. 24. http://woman.donga.com/3/all/12/138394/1).

화 수업을 받았다. 다른 문하생들과 달리 산호 작가의 그림을 그대로 따라 그리지 못한 백성민은 6개월 만에 화실을 그만두었다. 이후 스물세 살이 되던 1974년 화문각에서 발행한 한국 위인전 시리즈 20권 중 한 권인 『권율장군』을 그리며 데뷔했다.

『권율장군』으로 데뷔했지만, 역사 만화에 뜻이 있던 건 아니었다. 데뷔 후 『어깨동무』나 『새소년』 등에 여러 장르의 만화를 연재했다. 데뷔 초기 전쟁 만화로 유명한 조 쿠버트(Joe Kubert)*를 좋아해 그의 영향을 받기도 했다. 백성민 작가는 〈태평양 전쟁〉(1976–77) 시리즈에서 1권 '진주만 기습' 편과 4권 '코레히들 요새의 최후' 두 권의 전쟁 만화를 그렸는데 조 쿠버트풍 서구 만화 스타일과 당시 한국 만화 작가 들이 영향을 많이 받은 일본 극화 스타일**이 혼합되어 있는 작품이었다.

1977년에서 1979년에는 흔히 명작 만화라 불리던 소년소녀소설을 각색한 〈사랑의 집〉(1977), 〈초원의 꿈〉(1977), 〈북치는 소년〉(1977), 〈목숨보다 귀한 것〉(1977), 〈바보 이반〉(1978), 〈왕과 소년〉(1978), 〈목화 저수지〉(1978), 〈사랑의 메아리〉(1978), 〈눈보라 속의 SOS〉(1978) 등을 펴냈다. 서구를 배경으로 한 작품은 서구 만화 스타일을 따랐고, 〈목화 저수지〉나 〈목숨보다 더 귀한 것〉처럼 우리나라를 배경으로 한 작품은 일본 극화 스타일이 우세했다. 서구 만화 스타일은 1980년 『새소년』에 연재한 「오즈의 마법사」, 1982년 『월간 만화 보물섬』에 연재한 「아마죤의 비밀」로 이어진다. 일본 극화 스타일은 1978년 『소녀생활』에 연재한 「검은댕기」, 1981년 『주간여성』에 연재한 「하얀나비」로 연결된다.

조 쿠버트의 만화나 일본의 극화는 모두 어린이들이 아니라 어른들을 겨냥한 작품이었다. 1980년대에는 두 스타일의 장점을 살려 백성민의 스타일을 가다듬었다. 1980년대 만화 잡지에 연재된 「불가사리」(1983), 「십이지신」(1984), 「호랑이 형제」(1984)는 큰 인기를 얻은 만화는 아니었지만 힘으로 밀어붙인 백성민의 역사 만화는 강한 인상을 남겼다. 어린이 매체에 연재되었지만, 어린이 만화와는 거리가 있었다. 『선데이 서울』, 『주간여성』과 같은 성인 매체에 어른들을 위한 역사 만화를 연재했다. 「서태후」, 「하얀나비」, 「새야

---

\* 1926년 폴란드에서 태어나 부모님을 따라 미국으로 이민 온 조 쿠버트(Joe Kubert, 1926–2012)는 『서전트 록(Sgt. Rock)』, 『호크맨(Hawkman)』 등의 작품을 발표한 D. C.의 대표적인 만화가 중 한 명이다. 그는 『서전트 록(Sgt. Rock)』, 『이지 컴퍼니(Easy Company)』, 『그린베레 이야기(Tales of the Green Beret)』 등의 2차 세계 대전을 배경으로 한 전쟁 만화를 주로 발표했다.

\*\* 시라토 산페이(白戸三平)와 코지마 코우세키(小島剛夕)의 사무라이 극화가 사실적이고 동적인 느낌을 원하는 당시 한국 작가들에게 많은 영향을 주었다. 하지만 이들 만화는 높은 표현 수위와 계급 투쟁을 그린 내용 때문에 한국에 번안되거나 번역되지는 못했다.

새야』에 이어 김주영의 소설 『객주』를 『선데이 서울』에 연재했지만 심의에 걸려 중도 하차하게 되었다.

뭔가 다른 전환이 필요했다. 황석영의 소설 『장길산』을 만화화하자는 제안이 들어왔다. 좀 더 자유롭게 그리기 위해 연재도 하지 않기로 했다. 1986년부터 1991년까지 무려 5년 동안 20권의 『장길산』 작업에만 매달렸다. 이 과정에서 백성민은 좀 더 자신만의 세계로 파고들어 갔다.

"『장길산』을 시작하면서 다른 만화를 모두 없앴다. 보통 만화를 그릴 때 어느 장면이 막히거나 진도가 나가지 않을 때 다른 작가들의 만화를 참고하기도 했다. 그런데 『장길산』만큼은 그러고 싶지 않았다. 이러한 생각이 들었다. '못 그리면 어떠냐, 못생겼더라도 내 자식을 낳아보자.' 임권택 감독이 이런 이야기를 했다. '내 영화가 어느 경지에 이르면 남의 영화를 안 본다.' 나도 그 당시에는 그런 심정이었다. 다른 만화를 보면서 그 장점을 빠르게 섭취하는 것도 바람직한 일이지만 다른 만화를 전혀 보지 않으면서 자신만의 장점을 발전시키는 일도 중요하다. 아마 『장길산』부터 나만의 그림체가 조금씩 틀에 잡혀 가지 않았는가 생각한다."[*]

『장길산』 이후 자신 있게 역사 극화에 매달렸다. 지배자들의 역사와 불화했던 반역자들을 하나씩 만화로 불렀다. 조선 민중의 삶은 펜과 붓 끝에서 태어나 원고지에 자리 잡았다. "백성민의 붓은 우직한 소의 힘이, 용맹한 매의 맴돌이, 이승과 하직하는 광대의 춤사위가, 소를 극락으로 보내는 백정의 신팽이(소를 잡을 때 쓰는 칼)가 된다. 그리고 때론 격정 대신 평범한 조선의 풍광으로도 내려앉는다. 가만히 숨을 고르는 산이 되고, 소리 없이 흐르는 물이 된다."[**] 온전히 자신의 것인 선은 『황색고래』, 『싸울아비』, 『삐리』, 『토끼』로 작업을 이어 가며 조선 시대 민중의 힘을 이야기했다.

2001년 의욕적으로 성서 만화에 도전하지만 실패하고 슬럼프에 빠졌다. 마음도, 몸도 예전과 달라졌다. 더 이상 펜을 잡기 힘들어졌다. 하지만 그림을 놓을 수는 없었다. 가벼운 마음으로 그린 만화를 후배들의 제안대로 블로그에 올렸다. 젊은 세대의 방문이 블로그로 이어졌다. 네이버 웹툰과 한국만화가협회가 함께 시행한 거장전에 두 번(2013, 2016) 참여하고, 폭발적인 호응을 얻었다. 스마트폰과 같은 크지 않은 디바이스와 해상도에 많

---

[*] 만화평론가협회 편, 『한국만화 가까이 보기』, 1995, 눈빛.
[**] 박인하, 「박인하의 카툰월드 백성민의 〈삐리〉」, 《동아일보》 2001년 3월 4일 자.

은 한계가 있는 디지털 지면은 섬세한 펜 선보다 몇 줄의 강력한 붓 선이 효과적이었다. 한정된 종이 지면이 아닌 스크롤을 활용한 무한 캔버스 역시 한 컷의 그림을 모아 시퀀스를 만들고, 다시 시퀀스를 이어 가는 새로운 만화에 어울렸다. 2013년 「붉은 말」에 이어 2016년에는 「고래」를 발표했다. "만화가 아니라 예술 작품 같네요." ID: Allure라는 댓글이 가장 호응을 많이 받을 정도로 백성민 작가의 새로운 만화는 새로운 매체에서, 새로운 독자를 만나는데 성공했다.

### 4

2016년 「고래」를 발표한 후 백성민은 새로운 방식의 만화에 매달렸다. 「붉은 말」과 「고래」를 다시 고쳐 그렸다. 익숙한 도구인 붓을 들었다. 작은 칸에 세밀한 그림을 그리거나, 인물의 표정이나 동세를 세밀한 선으로 재현하기보다는 붓을 눌러 사물의 형체를 잡아 나갔다. 이미지는 하나로 고정되지 않고 이어지고 확장되었다. 「고래」에서 바다의 움직임이 커다란 귀신 고래가 되고, 이 귀신 고래는 산이 된다.

프랑스 만화가 보두앵 Edmond Baudoin은 「여행 le voyage」에서 인물의 감정을 거침 없는 붓의 터치로 표현했다. 인물의 머릿속이 확장된 붓 그림은 많은 독자에게 독특하게 다가갔으며, 붓이 그린 표현의 장점으로 새겨졌다. 백성민은 보두앵의 방식과 다르다. 보두앵이 하나의 그림에서 연결되어 나갔다면, 백성민은 끊어졌지만 다시 이어지는 방식을 취한다. 「고래」의 한 장면. 신돌석을 묘사한 49페이지를 보면 첫 칸에는 신돌석의 상체의 외곽만 거칠게 묘사한다. 이 선은 아래로 갈수록 희미해지는데, 그다음 신돌석이 의병을 일으킨 장면에서 또 다른 손끝으로 연결되어 내려간다. 명백히 두 컷의 다른 그림이지만, 선의 특징상 연결되어 있는 것처럼 보인다.

김유신, 신돌석, 임꺽정, 의상대사처럼 역사 인물들의 이야기를 그리지만 역사 만화는 아니다. 김유신은 붉은 말을 통해, 신돌석은 귀신 고래를 통해, 임꺽정은 광대패 아들이자 꺽정의 동무인 개똥이와 그가 만든 신발을 통해, 의상대사는 용문사 앞에 세워 두고 떠난 지팡이가 싹을 틔운 은행나무를 통해 비추어진다. 이야기하고 싶은 인물에만 스포트라이트를 주는 것이 아니라 이 인물을 비출 수 있는 거울을 보여 준다. 독자들은 인물을 거울을 통해 입체적으로 바라볼 수 있다.

〈붉은 말〉, 〈고래〉, 〈쇠뿔이와 개똥이〉, 〈지팡이 하나〉가 역사적 인물과 그 인물을 비추는 거울이라는 구조로 되어 있다면, 〈태평소〉, 〈뒤집어 보는 단군 신화〉, 〈활〉, 〈두 할배〉, 〈마주 보기 1, 2〉, 〈날고 싶은 나무〉. 〈달리는 아이들〉, 〈조각보 같은 삶〉, 〈어머니의 방주〉와 같은 작품들은 익숙한 우화를 재현한다. 사람이나 동물, 식물 혹은 자연현상 등을 의인화해 전달하는 에피소드를 통해 삶의 깨달음을 은유한다.

반가운 건 마지막 편에 수록된 「별의 고향」이다. 「별의 고향」은 페이지 만화다. 임진왜란 당시 일본군이 서울에 입성하기 전 광화문이 불탔는데, 제일 먼저 불길이 솟은 곳은 노비 문서를 관리하는 장례원掌隸院이었다. 실록에 기록된 이 사건을 가지고 백성민 작가는 방화를 주도하고 도망간 관노비가 부상을 입고 첩첩산중에 들어가 인연을 만나 살아가다 장에서 붙들려 죽는다는 28페이지의 단편을 완성했다. 구구절절 사연을 설명하지는 않지만, 자식에게 주기 위해 산 꽃분홍색 댕기를 쥔 손이 가야 할 사람과 기다리는 사람을 구슬프게 이어 준다. 「별의 고향」은 섬세한 선과 과감한 붓의 흐름 그리고 적절한 여백을 살리는 페이지 구성을 통해 누구도 보여 줄 수 없는 백성민 만화의 힘을 보여 준다.

백성민 작가의 성실함과 치열함이 차곡차곡 쌓여 『붉은 말』을 낳았다. 독자는 책 한 권에서, 한 작품에서, 문득 그은 선 하나에서, 심지어 빈 여백에서 백성민 작가의 성실함과 치열함을 마주하게 된다. 그 순간 뭐라 설명하기 어려운 짜릿한 희열, 가슴 저리는 감동이 내 안으로 다가온다.

박인하(만화 평론가)

차례

**1**
**붉은 말 — 신화와 전설 속에서**

17 | 붉은 말
41 | 고래
55 | 쇠뿔이와 개똥이
71 | 태평소
82 | 지팡이 하나
97 | 뒤집어 보는 단군 신화

**2**
**공룡 시대 — 우화 속에 감춘 비밀**

109 | 활
133 | 두 할배
144 | 마주 보기
152 | 날고 싶은 나무
160 | 공룡 시대
167 | 황토 이야기

# 3
## 돌탑 쌓기 — 속삭이는 삶의 노래

175 | 달리는 아이들
182 | 불놀이
192 | 번지 점프를 하다
198 | 작은 의자
205 | 돌탑 쌓기
214 | 조각보 같은 삶
221 | 어머니의 방주
233 | 까마귀에게 길을 묻다
246 | 박씨 할배
258 | 목마른 여자

## 부록

269 | 별의 고향(극화)

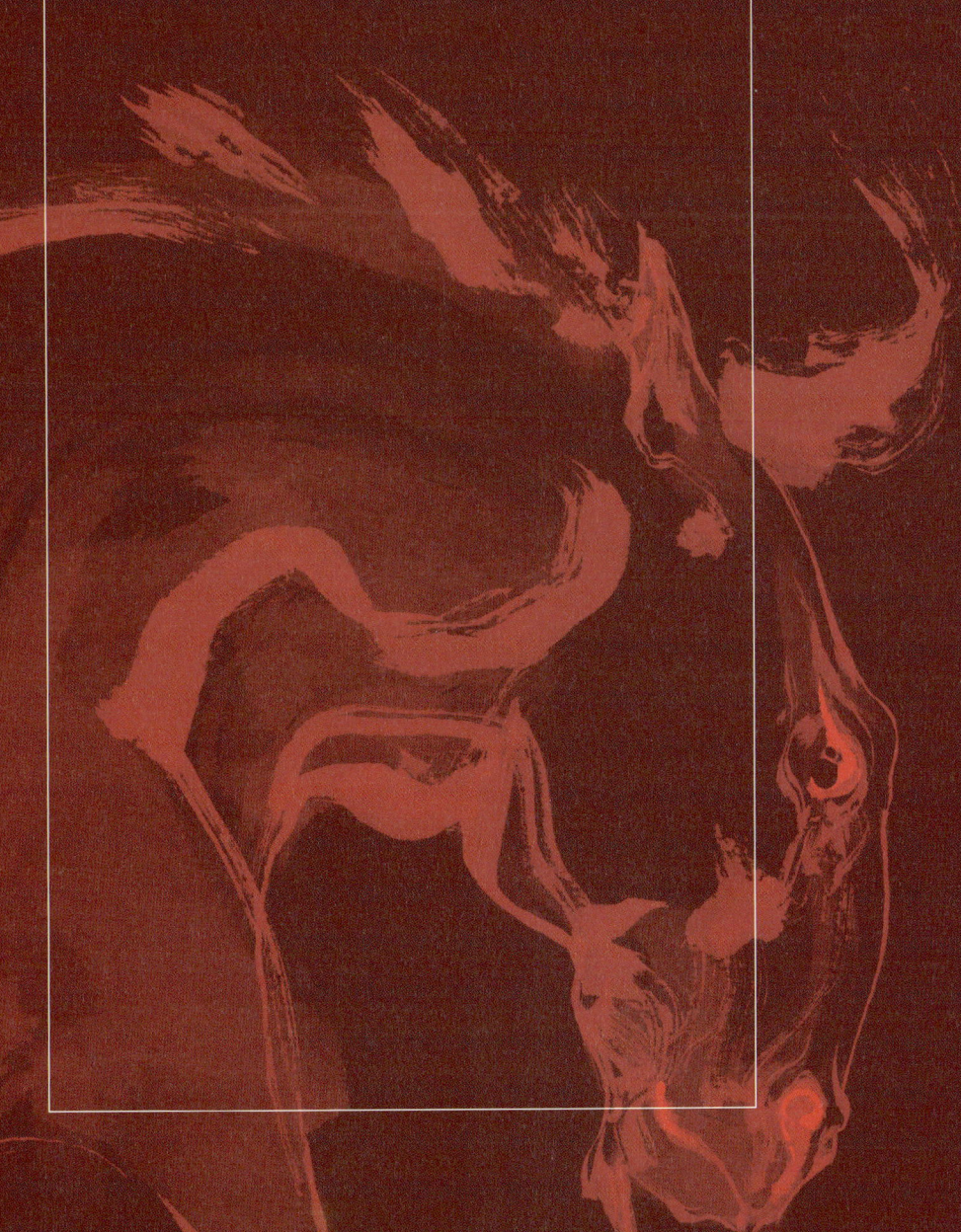

# 1
# 붉은 말

— 신화와 전설 속에서

# 붉은 말

사람들은 날
적토마라고 부른다.

물 한 모금 먹지 않고도
천 리를 내달린다 하여
천리마라고도

검붉은 땀을 흘린다 하여
한혈마, 붉은 말이라고도 불러.

내 아비가 모시던 장군의 아들과 나는
어릴 때부터 '일심동체'.

내 등은 그의 놀이터였고

늘 함께였다.

주인이 자라나 내 등짝이 점점 무거워지는 것이
삶의 제일 큰 낙이었어.

사람들은
말들이 간이 콩알만 한 겁쟁이라고
조롱들 하지만

난 아니야.

날마다 주인과 함께 태산준령을 넘나들며

백수의 제왕들과 치열한 맞짱으로
나날을 보내는 동안

내 간덩이는
뻐그러진 가슴만큼이나
단단해져 갔지.

우리는 서로가 자랑스러웠어.
용맹한 주인은 나의 유일한 사랑이었으며
번개처럼 내달리는 난 주인의 자랑스러운 애마 아닌가.

화랑이 된 주인을 따라 동서남북으로
수많은 전쟁터를 누볐다.

선두에는 늘 주인과 함께
내가 있었어.

전투와 전투!

수없는 생사의 기로에서 수많은 적병의 피와
주인과 나의 피로 내 온몸을 적셨다.

전투를 치를 때마다
더 많은 피를 먹은 몸은
더욱 붉어졌어.

'붉은 적토마'
그게 나야.

갈기를 펄럭이며 전장의 선두를 달리는
붉은 깃발이 바로 나야.

붉은 피와 더불어
전쟁터에서 숨겨야 할 말이 나란 말이야.

동료 말들도 내겐 꼬리를 말고
경의를 표한다.

전쟁이 없을 때에도 위용을 잊지 않으려
맹수를 찾아 산야를 뛰었어.

그런데…….
그런데…….

진달래 꽃말은
'애잔한 사랑'이라 하던가.

대륙 초원의
예쁜 암말 같은 기녀가
주인의 혼을 빼내어 가 버린 거야.

사랑이란 것에 빠진 거야.
나 아닌……
새 애마가 생긴 거야.

날마다 날마다 주인은
새 애마의 집으로 날 몰아갔다.

먹고 놀아 살진 내 다리는 뒤뚱거린다.
옆구리에 느껴지는 주인의 허벅지도
이제는 강철 같지 않아.

불꽃처럼 빛나던 진홍색의 털빛도
점점 어둡게 바래어 갔어.

유신이 네 이놈!
천한 무녀 천관녀와
헤어지지 않으면
넌 내 아들이 아니니라!

술에 취해 잠든 주인을 태운 내 발길은
늘 가던 기녀의 집 앞에 멈추었다.

잠을 깬 주인은
잠시 하늘을 응시터니

기생의 이름을 부르며
장검을 치켜들었어.

목에서 솟구치는 피가
내 온몸을 붉게 적셨다.

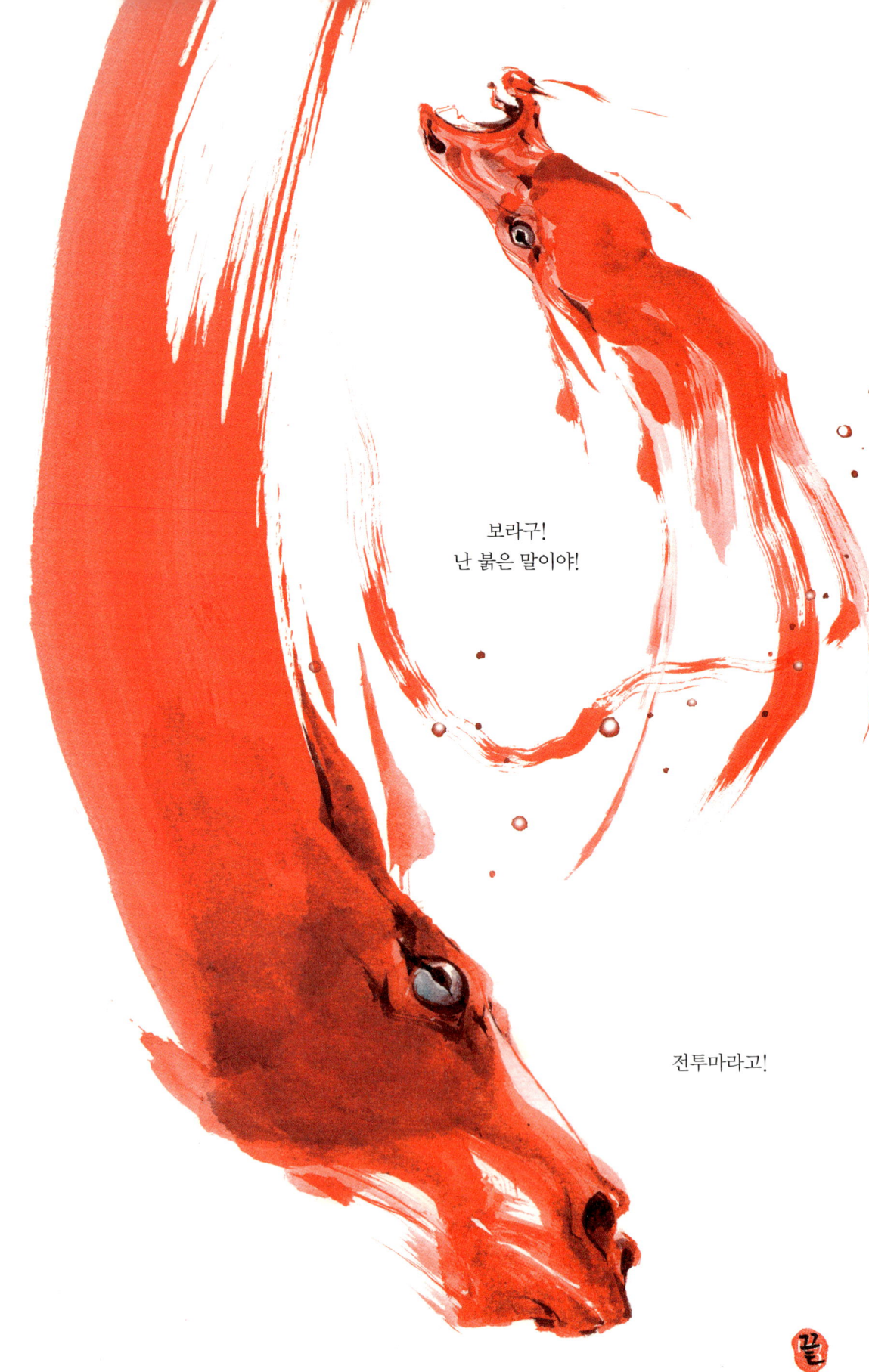

# 고래

'아리아리'하고 '스리스리'하던 옛적

동방예의지국 동해 바다에
태산같이 큰 해일이 일어

집과 배, 사람 들이 모두 바람 속의 낙엽이라,
난리 난리 그런 난리가 없더라.

황망 중에도 비나리 비나리
용왕께 목숨 줄 붙여 달라
고래고래 아우성치니

오호라…….
가당찮이 큰 귀신 고래 한 마리가
떡하니 나타나매

얼씨구나……
한사코 고래 등짝으로들 기어올라
겨우 목숨 줄을 보전하였더라.

용왕님, 살려 주셨으면
먹거리도 주셔얍죠.

한데, 아뿔사…….
망망 바다에서 몇 날을 떠돌자
허기에 눈들이 뒤집혀

목구멍이 염라대왕이라,
귀신 고래 등살을 파먹고 연명했다네.

사람들은 미안함에 통곡하며 그 은혜를 기려
귀신 고래의 뼈 위로 흙을 덮어 무덤을 만드니
경북 영해 땅 '축산' 포구 뒤에 있는 '고래'산이 되었다던가!

육신 공양의 보살행으로 산이 된 고래의 영험함일꼬?
이적과 기적이 심심찮으니 그 소문이 인근에 자자하더라.

세월이 또 여여하게 흐른 뒤…….

고래산 아래 딸 하나 이후로 득남치 못하는 아낙이 있어

꿈을 세우고 고래산 꼭지
형제바위에 올라 백일치성을 하니

귀신 고래를 타고 노니는
특이한 몽조 후에
이윽고 득남하매

그 아해 녀석 자랄수록
형상과 골격이 범상치 아니하고

용력이 도도하야 열 서넛 아해일 때
벌써 인근 장골들까지 능히 제패했느니

돌석이는 심장 소리가 늘 쿵쿵 울린다.

귀신 고래의 정기를 받아서 그레.

나도 고래산에서 백일치성 하믄 천하장사 아해 낳을까나.

쯧쯧……
개나 소나……

서당 공부 틈틈이 고래산에 올라
마음을 더욱 닦고

몸을 닦고 단련하기를
게을리하지 않으매

뻗치는 기상이 사방을 눌러
가히 영웅호걸의 풍모라.

구한말 민비 시해 사건 후,
왜적 앞에 나라가 바람 앞에 등불이라…….
통분하여 의병을 일으키니

나이 약관 18세,
용맹하고 날래기가 태백산 줄범이요

신출귀몰하기는 해동청 보라매라.

그와 의병은 누이가 지은
감물 들인 누른색 옷을 입고
전장을 누볐는데

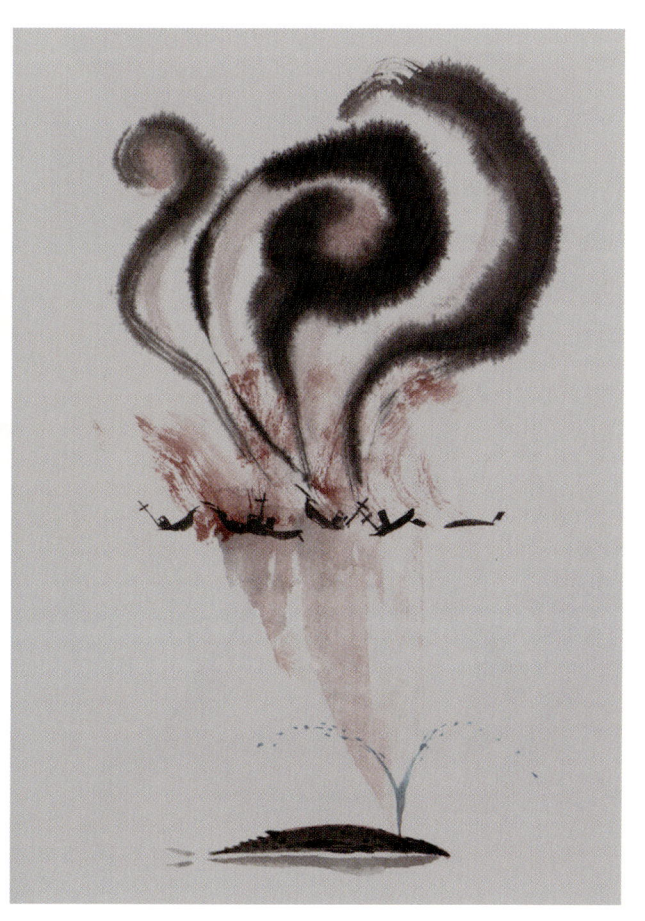

육지와 바다를 넘나들며
왜적을 도륙하니
사람들은 그를 일러
육지에서는 '태백산 호랭이'요
바다에서는 '황색 고래'라 했다던가.

견디다 못한 간특한 왜적은
그의 목에 거금의 현상금을 붙여
어리석은 자를 유혹하매

오호통재라!
못난 동지의 배신으로 향년 30세,
불꽃 같던 생을 마감하였더라.

그의 이름 석 자는
신돌석(申乭石).

사람들을 살리고자 목숨을
내어 주었던 귀신 고래처럼

신돌석 의병장도 그가 살리고자 염원했던 백성에게 죽임을 당했다.

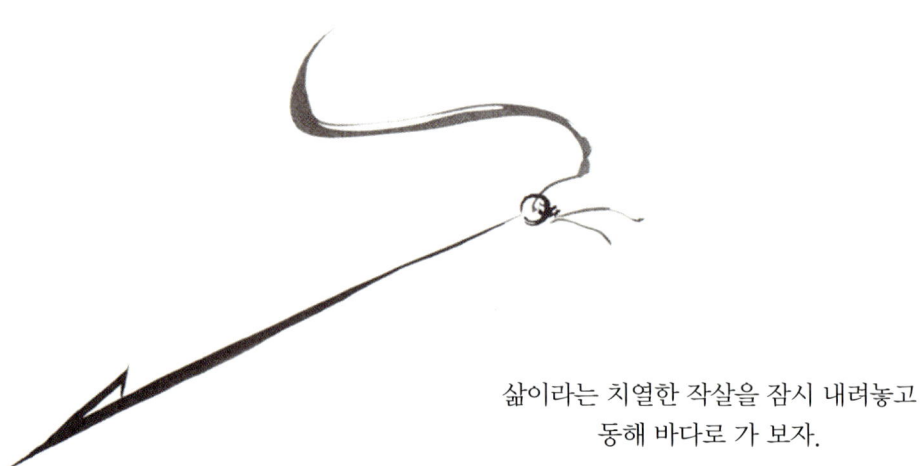

삶이라는 치열한 작살을 잠시 내려놓고
동해 바다로 가 보자.

전설 속 귀신 고래의 부활을 볼 수 있을지도 몰라.
슬며시 그 큰 등짝을 내밀지도 몰라.

# 쇠뿔이와 개똥이

한양 동쪽 혜화문 밖에 갓바치 영감이 있었는데
젊어서 절에서 공부깨나 하여 도가 높다는 소문이 자자하니
인근 상것들에게 신망이 높았다.

더러, 가죽신 주문이 있으면 만들어 팔기도 하였으나
대부분의 시간은 짚신을 만들어
혜화문을 드나드는 백성들에게 공으로 나눠 주는 데 썼다.

그에게는 코찔찔이 어린 제자 둘이 있었는데

가죽신이든 짚신이든

신발은 다 같이 소중한 게야.

사람이 두 발로 평생 걷는 거리는 우리 삼천리 땅을 쉰 번쯤 왕복하는 거리가 된다고들 하더라.

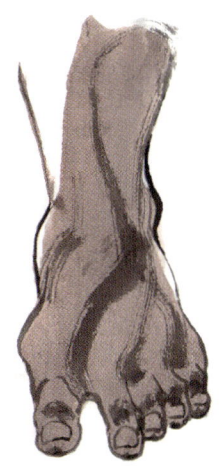

발은 진자리 마른자리 가리지 않고 다니면서 몸을 꼿꼿하게 받쳐 주고 편안한 걸음걸이를 하게 해 주지.

그러면서도 몸 중에서 가장 천대를 받는 곳이기도 하지. 마치 노예나 우리 갖바치들처럼…….

가죽신을 신는 양반들은
말이나 가마를 타니
많이 걷지 않지만

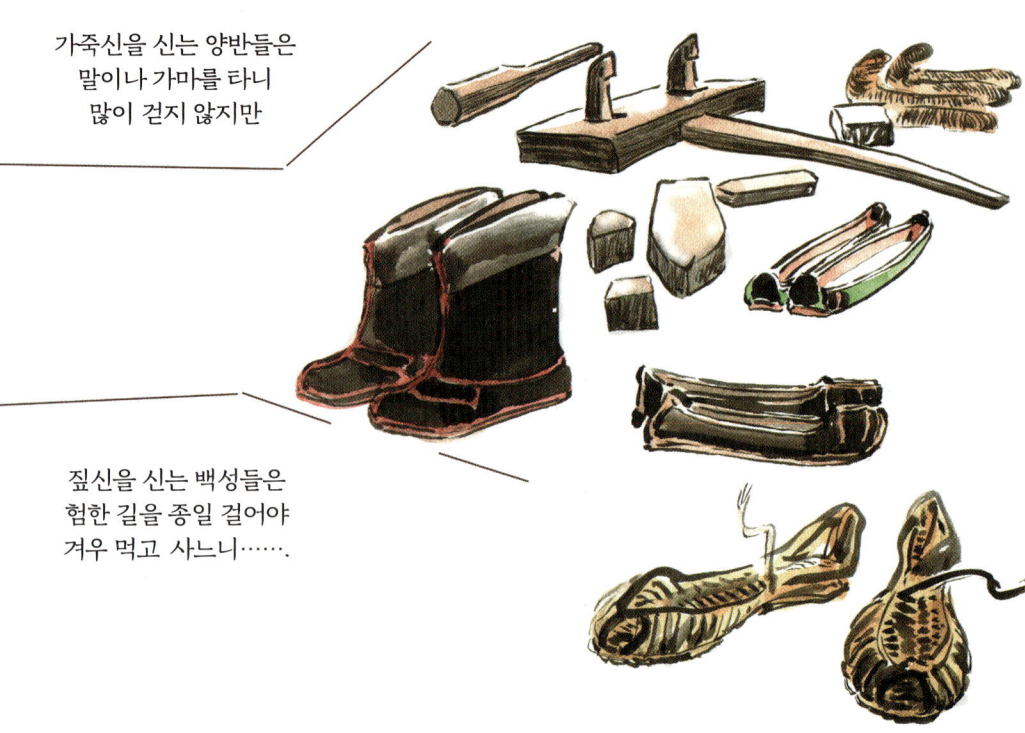

짚신을 신는 백성들은
험한 길을 종일 걸어야
겨우 먹고 사느니…….

그래서
가죽신을 만들 때나
짚신을 만들 때나

똑같이
공을 들여 만들라~
이 말이지.

안성 광대 패의 아들인 개똥이란 아이는
광대 짓으로 노래 팔고 춤 팔아 먹고살려면
낯짝이 두꺼워야 하는데 통 숫기가 없어
방구석에서 신발이나 만들며 살라고 왔고

소백정의 아들인 거무튀튀한
걱정이란 또 한 녀석은 힘이 장사인데
성격이 드세어 거먹 소처럼 아무나 치받고
싸움질로 날을 세우니 큰 걱정이라…….

큰 사고 치기 전에 성격 좀 죽여 달라고
갖바치 영감에게 제자로 왔다.

걱정이란 이름은 싫어.
쇠뿔이가 좋아.

개똥이가 지은 당혜는 꼼꼼하고 곱살하게 잘 삼았구나.

쇠뿔이가 만든 건……. 허허……. 걸쭉걸쭉 사내답게도 삼았구먼

쇠뿔이 것도 멋나요!

치, 말이 두리뭉실 공손타고 누가 모를까 봐. 개똥이 것하고 맞댐질 하믄 내 건 발로 만든 거네.

개똥이는 신을 만들어 밥 벌어먹고 살겠고

쇠뿔인 허허……. 우리나라 최고 명장이 만든 신을 신고 종횡무진 한바탕 잘 놀다 가겠구나.

쇠뿔이와 개똥이…….
성격이 정반대인데도 둘은 신기하게
둘도 없는 짝패였는데

산 정기를 마시니
숨통이 확 트이는구나야.

도봉산을 보믄 울룩불룩한 게
꼭 쇠뿔이 널 닮았다.

코찔찔이들도 세월을 먹고
어른으로 자랐다.

타고난 신발쟁이인 개똥이는
최고의 솜씨를 자랑하는 갖바치가 되어
양반들은 물론 정승, 판서에 임금까지
그의 가죽신을 원하게 되었으며

울툭불툭한 아이는
큰 의적 패 두목이 되어
온 나라를 뒤흔드니

쇠뿔이······                                              임꺽정이었다.

개똥이는 임금의 신을 지을 때보다
어릴 적 약속대로 짝패 꺽정이의 신을 삼을 때
더욱더 정성을 기울여 몰래 보내곤 했다지.

동서남북 번쩍번쩍
관군을 농락하던 꺽정은 개똥의 신발이 있어 더욱 날렵하고 빨랐다네.

오호…….

꺽정이 뜻을 이루지 못하고
관의 토벌군에 비명에 죽자

개똥은 버려진 짝패의
목 없는 시신을 몰래 수습하고
자신의 머리카락을 잘라 신을 만드니

쇠뿔아, 넌 내가 만든 신이
제일 편하다고 했지.
이것 신고서 저승길 편히 가려무나.

그 후로 개똥은 혜화문 밖 스승의 옛집으로 돌아와서
짝패 꺽정의 신을 만들듯 정성 다해 짚신 한 짝 한 짝을 삼았다.

스승이 했던 것처럼…….

사람들은 개똥의 짚신만큼 발 편한 짚신은
세상에 없다고들 하였다네.

한 올, 한 올, 올올이

두 손을 비나리 비나리
넋을 담아 신을 삼았다.
내 긴 머리카락으로……

짝패, 그대를 위하여…….

# 태평소

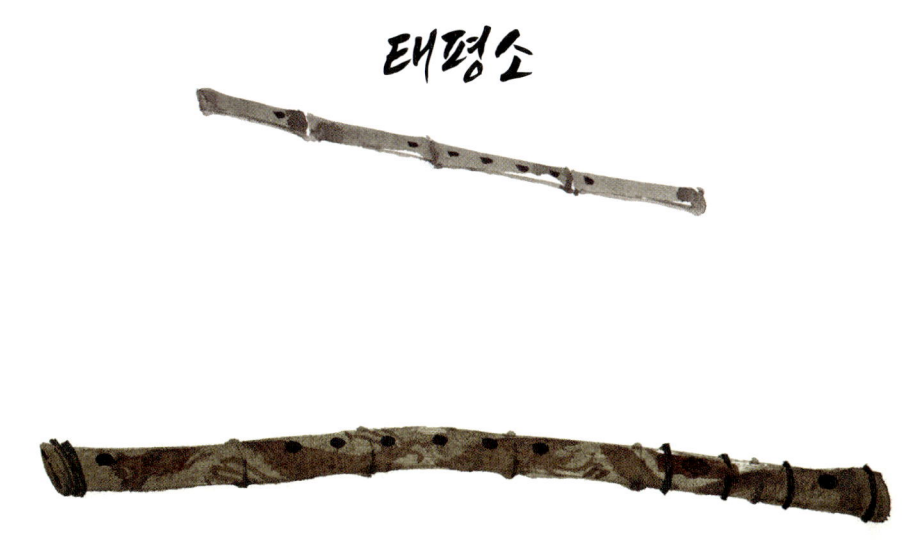

대금 중의 으뜸, 만파식적(萬波息笛).

나의 꿈, 대나무들의 꿈.
내 몸에 꽃이 피면 만파식적이 될 수 있다지.

희르르르…….
한소리에 큰비, 큰바람, 큰 물결 다 조용히 가라앉고

전쟁터의 적군은 혼백을 빼앗겨 달아났으며

병마를 일으키는 잡귀들도 소리에 묶여
땅속 깊숙이 내려앉아 버린다던가

난 만파식적이 되고 싶었어.
내 한소리로 태평한 세상을 만들고 싶었지.

오늘이련가? 내일이련가?
날마다 대 꽃 필 날 그날을 기다렸다.

폭풍우 거센 비바람도
폭설에 천 근의 무게를 머리에 이고도 꺾이지 않고 견뎌 냈어.

대 꽃이 피기도 전에
친구들은 하나씩 베어져 떠나갔다.

연한 댓가지는 아이들의 심심풀이 대피리가 되어
요요요…… 나비들을 불러 모았고

야무진 놈은 난세를 휘젓는 민중의 죽창이 되었다.

옹골찬 대는 스님들의 마음 서늘히 다스리는 죽비

야리야리한 놈은 개구진 서당 아이들
꾸벅 잠 깨우는 회초리로도

시들한 몇 가지는 골초 영감들의 긴 담뱃대로

꺽센 가지는 마당쇠의 차지가 되어 낙엽을 쓸며 닳아 갔다.

낭창낭창한 동무는 아낙 머리 위의 가벼운 대소쿠리가 되었어.

병약한 내 형제 쌍골죽은 그저 그런 퉁소가 되어
광대 패의 입술 따라 팔도 장터를 떠돌았다.

길고 긴 기다림의 날들을
또 얼마나 견뎠을까.

몸이 간질거리더니 싹이 돋고
봉곳, 꽃봉오리 맺혔다.
오랜 날을 기다려 온 그 대 꽃이 핀 거야.

만파식적이 되었냐고?
아니…….
만파식적은 오지 않는다는 걸 깨달은 것뿐이야.

내 아비와 어미, 먼저 베어져 나갔던
내 곁의 동무들 한 대 한 대가
만파식적이란 걸 깨달았을 뿐야.

동무 하나 하나가 태평 세상을 열어 가는
태평소라는 걸 깨달은 것뿐야.

내 형제 쌍골죽과 같은 태평소 되어
필릴리 필릴리…… 소리를 섞으며
팔도 장터를 떠돌고 싶을 뿐야.

# 지팡이 하나

좋아!
아주 좋아!

딱
맞춤이여.

새 행자가
가벼워서 좋아.
아주 좋아.

옛적, 어마무시하게 도(道)가 높은
큰스님이 있었습니다.

어마무시한 스님이니만큼
온 나라에 직계 제자만 천여 명에

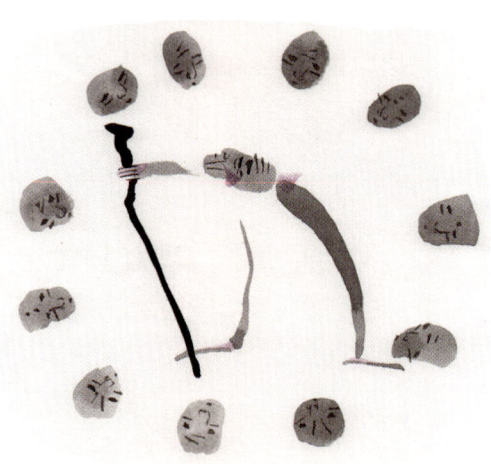

손수 세운 절이 수십이라
그를 존경하는 제자와 백성 들이
보고 싶다고 야단법석이니

날이면 날마다 설법을 위해
노구를 행자목 하나에 의지하여 전국을 누볐지요.

설법을 할 때나 참선을 할 때도
행자목을 손에서 놓지 않았다지요.

허허…… 봄 아지랑이
가실가실하니

행자 너도 간지러워
몸이 덜석덜석하지?

묵언! 묵행!

나처럼 설익은 설법일랑은
나불대지 말구…….

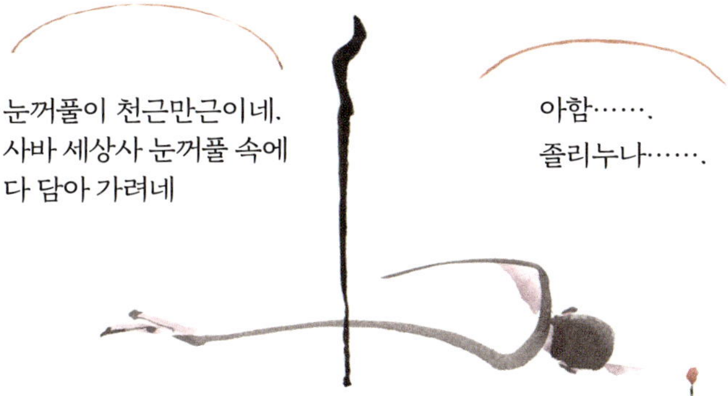

눈꺼풀이 천근만근이네.
사바 세상사 눈꺼풀 속에
다 담아 가려네

아함…….
졸리누나…….

용문산 용문사.
절 계단은 사뭇 높은데

절 안에는 작은 부처들만 좌정해 있고

큰 부처는 절 밖에 우뚝 섰네.

오래전 의상대사가 세워 두고
떠나버린 지팡이도

천 년을 수행하면 저리 되는지

스승이 못다 한 묵언 묵행을
천여 년 동안 이어 온 듯하다.

산들 작은 바람엔 이파리 하나가
맑은 풍경 소리를 내고

큰바람엔
위이이잉—.

한 잎 한 잎이
수천 수만의 요령을 흔드니
큰 범종 소리 되어
번쩍, 정신을 깨운다.

또 시절이 수상하여
나라에 큰 폭풍 일 듯하면
큰 몸둥치 흔들어
용트림 소리를 낸다던가.

지난 천여 년을 묵언 묵행으로
그 뜻 드러내셨듯이

지날 천여 년도 그 모습 그대로
가지 아래에 선 방자한 것들에게

참지팡이, 참그늘이 되어 주소.

용문산 용문사에는 큰 지팡이가 하나 있네.

# 뒤집어 보는 단군 신화

동방에 땅 좋고 물 좋은 금수강산이 있으니

하늘의 자손 환웅이 3천의 무리를 거느리고
태백산에 하강하사 신시를 열어 다스릴 제

소, 양을 치고 말달리며 오곡이 풍성하니
여기가 지상 낙원이라.

호랑이와 곰은 신심이 도도하여
깊은 동굴에서 면벽 수행에 골몰하는데…….

곰탱아, 너도 좀 먹지 그러냐?

난 단식이 더 편해.

아쿠……. 속 쓰려! 매워!

호랑이는 허기를 이기지 못해
굴 밖으로 뛰쳐나갔고

홀로된 곰은 자는 듯 무아지경인 듯
용맹정진 또 정진

스무 하루째 되는 날
황홀한 신경지를 체험터니

아리따운 여인으로 변신하더라.

# 2
# 공룡 시대

— 우화 속에 감춘 비밀

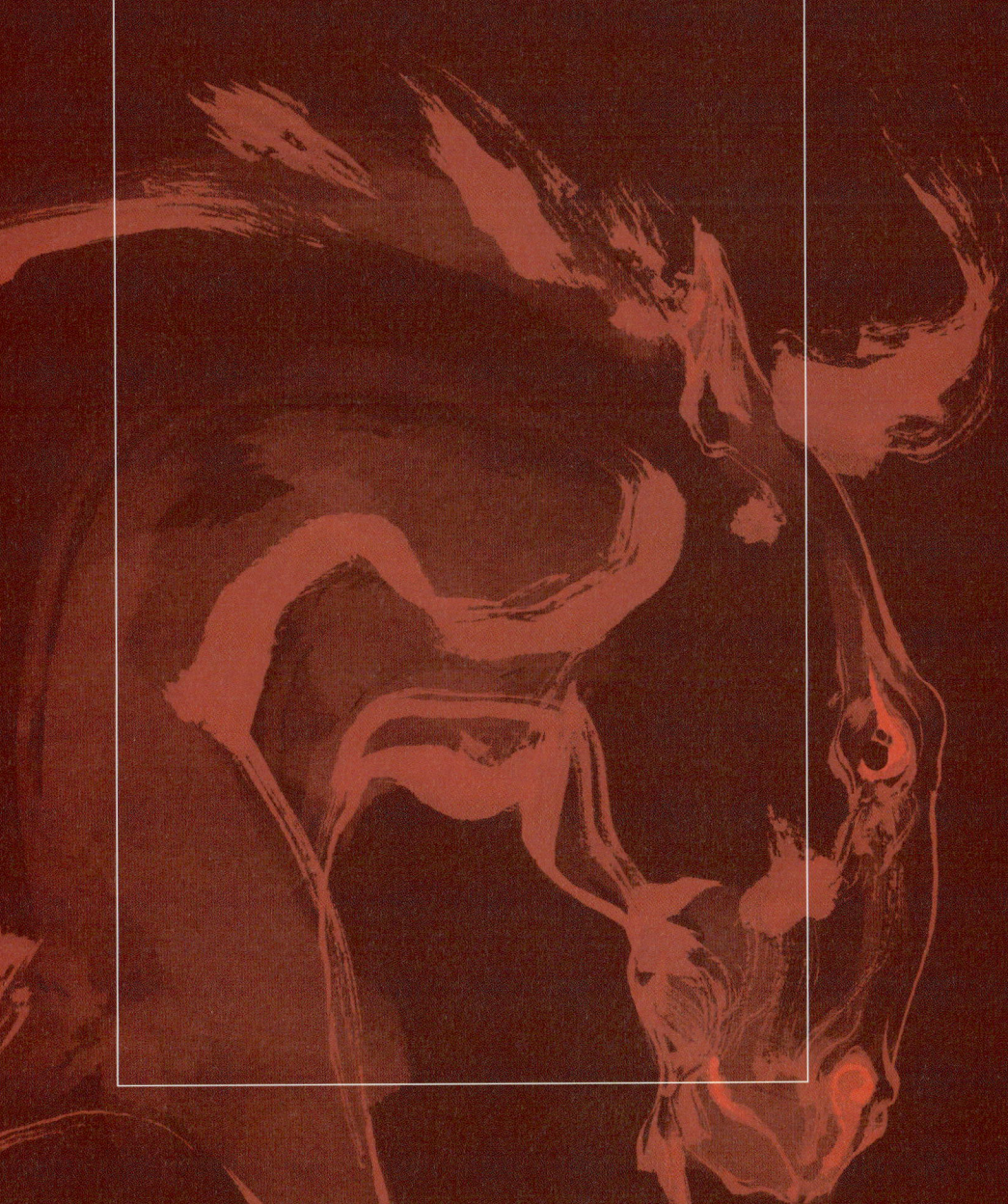

# 활

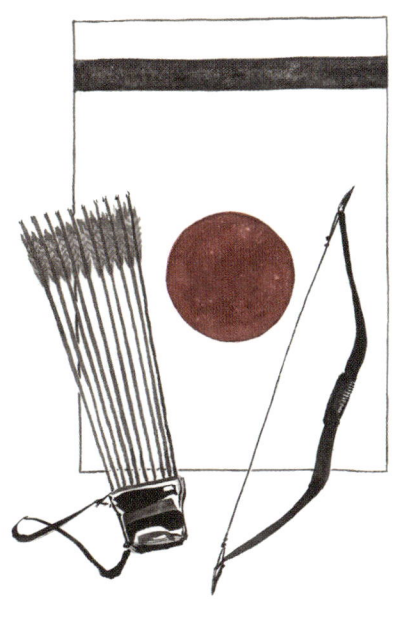

깃털 하나하나에까지
힘을 넣어

힘껏 휘저으며 날아 봐.

머리 위에 붉고 둥근 과녁이 보이니?
저 해를 향해 날개를 퍼득여 봐.
너희들만의 날개를 찾는 거야.

날갯짓을 기다리는 바람은 늘 너희 곁에 있어.
날개를 찾는 놈만이 높이높이 날아.
백두산 넘어 북쪽 끝 얼음 땅까지
날아갈 수 있는 송골매가 되거든.

송골매는 높은 절벽 사이에 둥지를 틀고서
보라매들이 날갯죽지에 깃털이 돋아
제법 바람이 일게 되면

아비 매는 한 놈 한 놈 하늘 가운데로 채고 나와

천 길 아래로 내어 던진다.

자기 날개를 찾지 못한 놈은
땅이나 바다에 떨어져 죽고

날갯죽지가 떨어져 나가도록
두 날개를 퍼덕이는 놈은

바람을 타고 날아오른다.

아비, 하늘에 왜
큰 동그라미를 그려?

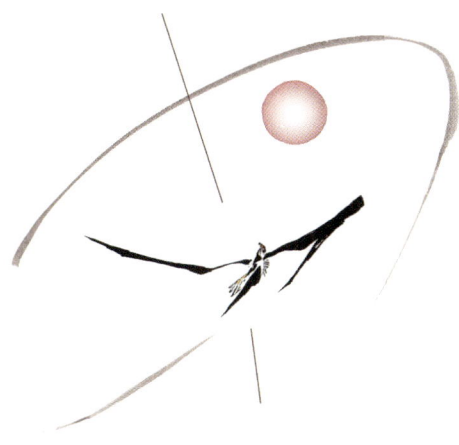

내가 살았던 터…….
땅과 바다를 더 멀리까지 보려구.

우리 송골매는 '새 중의 새'
으뜸 새다.
죽어서 땅과 바다에 육신을
던져 놓는 건 송골매의 수치…….

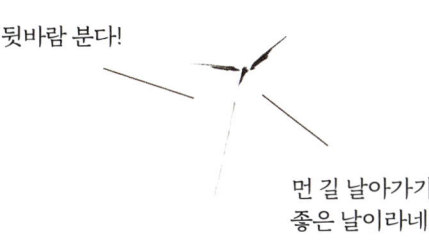

뒷바람 분다!

먼 길 날아가기
좋은 날이라네.

날기 시작하면서부터 나는 활이었다.

아니, 활이 나였어.

붉은색 어린 깃털을 벗어 내고
새로이 돋은 회색빛 두 날개는 굳센 활체였으며

내 몸통은 바람을 가르는 올곧은 화살.

부리와 발톱은
화살촉과 창날처럼 예리해.

번쩍이는 두 눈은 궁사(弓士)의 그것처럼
백 리 밖 과녁을 노리며 높이 솟아 아래를 응시타가

떴다! 해동청 송골매

크고 작은 과녁이 보이면 쏜살같이 날아

지화자— 지화자자— 벼락같이 낚아채지.

죽은 짐승은 사냥도 먹지도 않아.
오직 살아 있는 녀석들만이 나의 활과 살을 받을 자격이 있다구.

때때로 큰바람이 일면

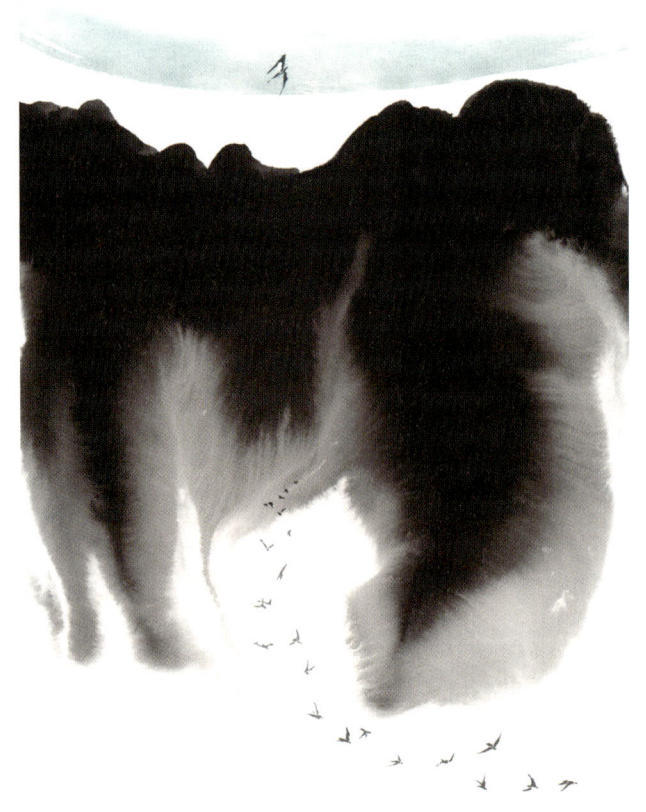

다른 새들은 가까운 땅에 내려앉아
날개로 머리를 가리고 숨어 떨지만

난 더욱 솟구쳐 올라 가장 좋은 쉼터를 본다.

머리를 숙이지 않아도 될, 그런 터를……

겨울 끝자락,
홍매화 붉은 봉오리 얼굴 내밀 때쯤이면

둥지를 잠시 비워 두고 북으로 여행길을 떠난다.
아비가 그리했던 것처럼…….

태백 등줄기를 타고 오르고 오르다 보면

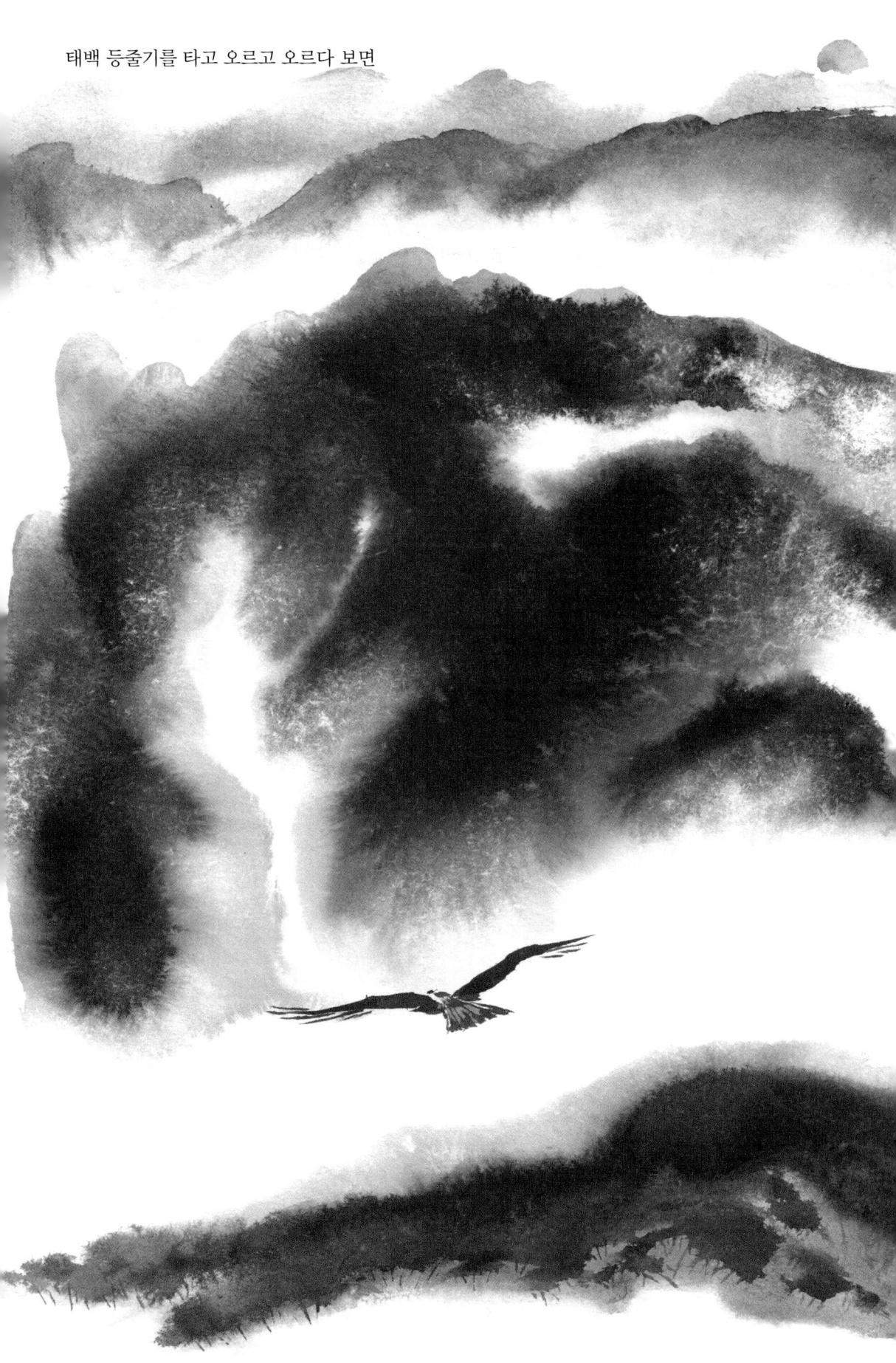

고향 땅의 머리인 영산, 흰머리산에 닿아
물, 불, 바람을 다스리시는 매의 조상
'삼두매'의 보금자리라는 하늘 못(天池)도 보인다.

남쪽 땅 끝에서 3천 리를 날아온 피로를
청청한 물 한 모금이 씻어 준다.

꿈결인가? 물 위로 매의 신,
'삼두매'의 형상이 언듯 스치는 듯해.

때론 얼음 땅의 군주들인 검독수리들이
하늘까지 얼려 버리면

난 부리와 발톱으로 더욱 매섭게
얼음장을 쨍쨍 깨부수고 나가지.

검독수리의 도전도

고향 땅 바다수리들의 도전도 늘,
나의 카랑카랑한 호령으로 막을 내렸어.

세월에 삭아 무뎌진 부리를 피범벅이 되도록
바위에 갈아 다시 날을 세우고

삭풍에 깎여 너덜해진 깃털은 살을 찢는
아픔을 참아 내며 부리로 뽑아 내며

날마다 활시위에 화살을 걸어 팽팽히 당긴 채
그렇게 날아왔던 거야.

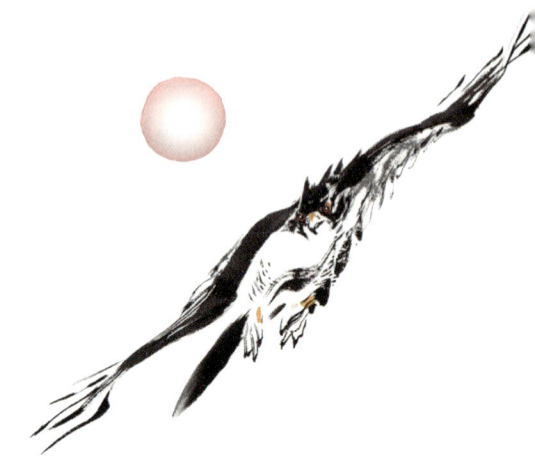

그렇게 하늘의 으뜸 새,
으뜸 매 자리를 지켜 왔던 거야.

젊은 시절 노랗게 발광하던 눈동자는
더욱 멀리 보려 부릅떠 온 응시에
어느덧 진붉어져 핏빛이 되었네.

칼바람을 차 내고 기걸하게 휘젓던 날갯짓도
이제 산들바람조차 버겁다네.

과녁을 향해 한 대 한 대 날려 보낸 화살은
다시는 돌아오지 않아.

이제 내겐 오직 화살 한 대뿐…….
때가 왔는가!

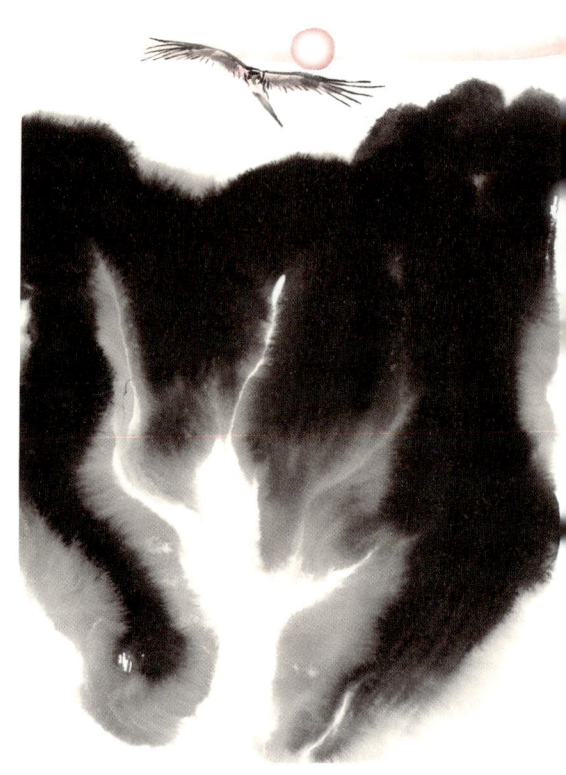

평생을 같이 날며 늘 나보다 높이 있는
오만한 너, 붉은 과녁!

아비를 유혹하고 나를 처음 날게 한
그 과녁 아닌가!

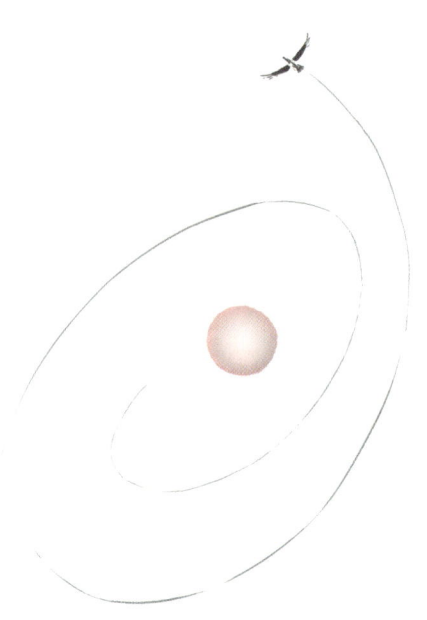

널 향해……
마지막 화살을 날려 주마!

널 뚫어 줄 테다.
난 으뜸 매. 맞히지 못한 과녁이 없다구.

빛을 거슬러 나아갈수록 몸은 끓어오르고

부리는 붉게 달아올라 녹아내려
깃털과 날개는 타올라 없어져…….

지화자—. 지화자자—.

붉은 과녁 중앙을 뚫어 내고
몸 한번 파르르 떨어

그리고 한 줌 재가 되는 거야.
한세상 팽팽하게 당겼던 활시위를 놓는 거야.

# 두 할배

머언— 옛날이래두 좋구
머언— 훗날이래두 좋아.

백두산, 한라산이래두 좋구.                    동네 뒷산이래두 괜찮아.

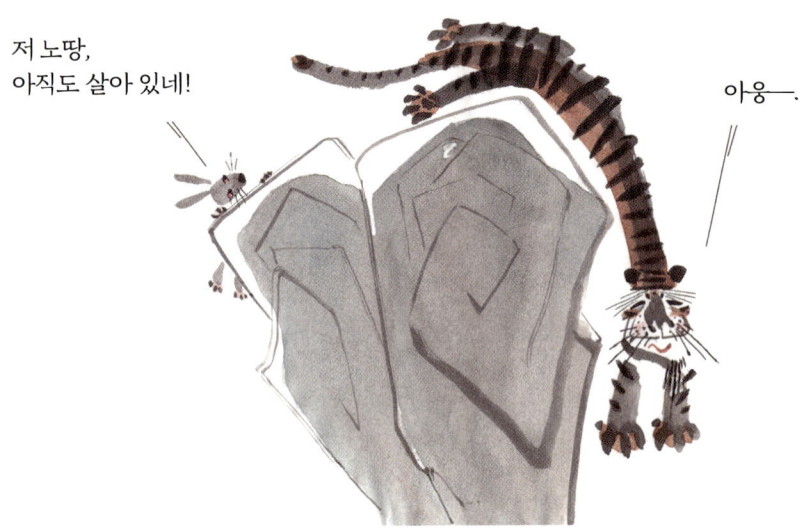

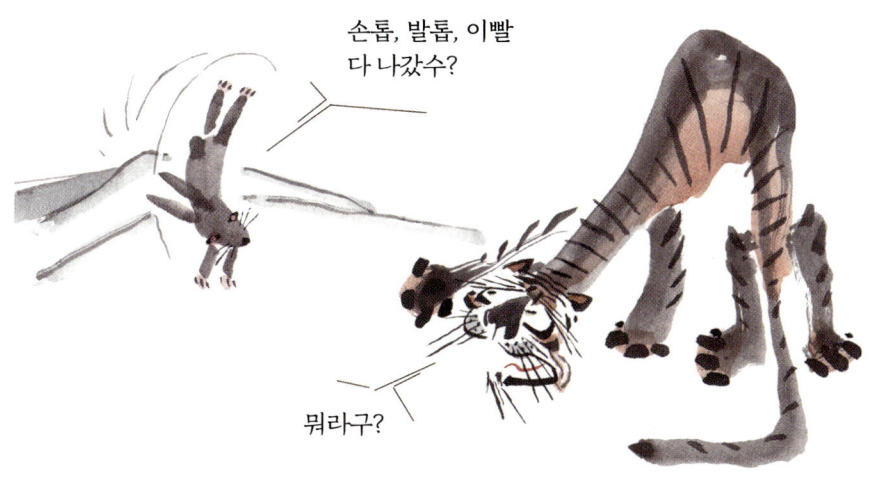

통뼈 위력을 과시하며 공포 분위기를 조성하고 돌아치더니 꼴 좋다!

암튼…… 내가 많이 잘못 살았네.

행방불명된 우리 아비, 할아비도 노땅이 꿀꺽했지?

어제 일도 기억이 통…… 아무튼 내가 죄가 많네.

굵은 똥만 싸겠다고 늘 외치더니 뭐 먹은 게 있어야 가는 똥이라도 누지. 쯧. 이가 없으면 잇몸이라던데 그것도 안 되나?

내가 뱁새 너처럼
가랑이 찢어지게 바쁘게 천년을
살았다가는 아마……
미쳐 버렸을 거야.

흐르는 세월 앞에
무심히 멈춰 설 줄 알아야
천년을 견뎌 낼 수 있다네.

노땅 똥고집을 누가 말려.
고고한 척하다가 곧 송장 치겠수.

멀거니 서 있다 보면
내가 연꽃인지, 연꽃이 나인지 몰라.

학 다리가 연꽃대인지,
연꽃대가 학 다리인지 몰라.

잉어야,
너희들도 그랬지?

씨알 굵네!

학, 머리꼭지 위에
연꽃잎 하나 있네.
너, 학이니? 연이니?

# ⭐ 마주 보기 1 ⭐

푸른 하늘 은하수에
초록 별과 노란 별이
나란히 있었습니다.

할머니, 노란 보름달 속에 토끼가 있다!

응. 너처럼 착한 토끼들이 달에 산단다.

엄마, 초록별 속에 토끼가 있다!

응. 너처럼 착한 아이들이 사는 곳이란다.

운달, 착한척 트끼야 ^^

안녕 ^^ 착한 아이야.

은하수를 지나던 두 별의 토끼들
마주 보며 인사를 나눕니다.

한 달에 한 번씩 인사를 나누며

쪽배를 타고 사이 좋게
은하수를 건너고 있었습니다.

# 마주 보기 2

투우!

뿔과 뿔이 부딪혀
불꽃이 일고

힘과 힘, 덩어리와 덩어리가 뒤엉키는 투우장.

한 판 한 판…… 웃는 소와 우는 소가 판가름 나더니

준결승에서 한 집안 두 소가 마주 보고 섰다.

이름하여 깡패와 땡추.
이놈들, 아비와 아들 사이라나…….
부자지간에 맞짱 뜰 판!

아비 깡패 옹은 바위처럼 묵묵히 섰고

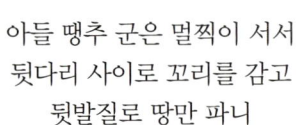

아들 땡추 군은 멀찍이 서서
뒷다리 사이로 꼬리를 감고
뒷발질로 땅만 파니

사람들이 싸움 붙이려 용써 봐야
돌부처와 씨름하기······.

한참 후에 아들의 기권으로
판 막음이라.

암, 부자지간의 질서는
자연의 엄연한 섭리지.

아들 하나 잘 키운 깡패, 열 인간 안 부럽네.

# 날고 싶은 나무

넓고 넓은 바다 한가운데 작은 바위섬에 나 홀로 서 있었지요.

낮에는 해와 구름
밤에는 달과 별만 바라보았습니다.
늘 외로웠습니다.

어느 날 내 팔이 조금 길어지자
바다를 건너던 노란 새가 앉아 쉬었고

노란 새는 남쪽 나라의 신기한 이야기들을 들려주었습니다.

며칠 후엔 파랑새의 북쪽 나라 이야기에 마음을 빼앗겼고

또 붉은색, 보라색 새와 같이 동쪽, 서쪽 나라의 꿈을 꾸었지요.

난 더 많은 새에게서 더욱 많은 이야기를 들으려고
팔을 더 길게 펼쳤습니다.

내 가지를 오색 나라의 새들에게 빌려주고
온갖 무지갯빛 꿈들을 얻어서 외로움을 잊었지요.

새들아, 나는 늘
혼자인데

너희들은 많은 친구가
있어 부럽구나.

나무야, 바다 건너 넓은 나라들엔
너와 같은 나무가 많고 많단다.

예쁜 꽃들도 많고…….

새들이 사는 나라에 가 보고 싶었습니다.
나 같은 나무 친구들도 보고 싶었습니다.

좁디좁은 이 바위섬이 싫어.

날개를 갖고 싶어.
새가 되어 날고 싶어.

학아, 나도 너처럼   큰 날개를 가질 수 없을까?

너희를 따라 훨훨 날아가서   멋진 신세계도,
나무 친구들도 보고 싶어.

나무야, 넌 이미 큰 새야. 우리들을 다 품어 주는 어미 새잖니.

먼바다를 건너느라 지친 우리들에게
쉬어 갈 푹신한 둥지가 되어 주기도 하고

우리들보다 이미 여러 나라 이야기를
더 많이 알고 있는 할아비 새 같기도 하잖니.

그래서 많은 새가 너에게서
모든 나라의 얘기를 골고루 듣게 되잖니.

너의 가지는 새 가운데
가장 넓고 아름다운 날개야.

다음에 올 땐 너와 친구 할
나무 씨앗을 물어다 줄게.

낮과 밤이 바뀌고 바뀌자

내 곁엔 작은 나무들이 생겨났지요.

새로운 나무 벗들로 인해 더 많은 새도 찾아왔습니다.

바위섬이 외로워 보여 나도 씨앗이었을 때 어느 철새가 물어다 놓을 거야.

아니면
새똥에 섞여 왔던지…….

# 공룡 시대

어서 오세요. 쥐라기 공원에 오신 것을
환영합니다.

**티라노사우루스**
어마어마한 힘과 무쇠 같은 이빨로
공룡 세계를 지배했던 폭군 되겠습니다.

**점박이사우루스**
티라노와 사촌쯤 되는……
한반도를 지배했던 녀석이지요.

멋진 갑옷의 대갈 장군
**트리케라톱스**

키다리 아저씨
**브라키오사우루스**

공룡계의 '우사인 볼트'
**엘라프로사우루스**

땅과 바다를 넘나드는 해병대
**스피노사우루스**

왕 뿔 수집가
**켄트로사우루스**

쥐라기의 폭격기
**프테로닥틸루스**

난폭한 잠수함들
**리오플레우로돈,
플레시오사우루스**

빙하기의 원조 코끼리
**맘모스**

그리고 악명 높은

**둘리사우루스**

아시는 바와 같이
오랫동안 지구를 지배하던 공룡들은
큰 운석이 떨어지자
그 폭발로 인한 먼지가 햇빛을 막아
모두 얼어 죽거나 굶어 죽은 걸로 추정됩니다.

그 후로 '잠시 반짝 시대'가 있었는데
그때 나온 공룡은 먼저 나온 공룡들보다
몸집은 조금 작으나 역시 거대한……
'블랙 사우루스'

'화이트 사우루스'

'옐로 사우루스'입니다.

이들은 먼저의 공룡들보다 더 명청해서

스스로 수많은 운석을 만들어
서로에게 던져 폭발시켜

아시는 바와 같이 역시 그 폭발로 인해
먼지가 햇빛을 막아 멸종하고 말았답니다.

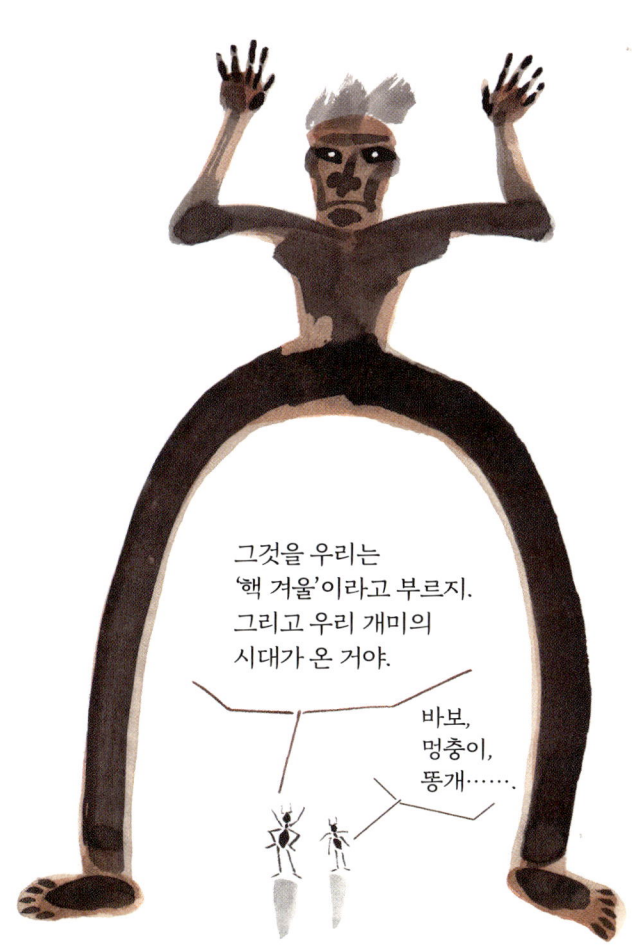

그것을 우리는
'핵 겨울'이라고 부르지.
그리고 우리 개미의
시대가 온 거야.

바보,
멍충이,
똥개……

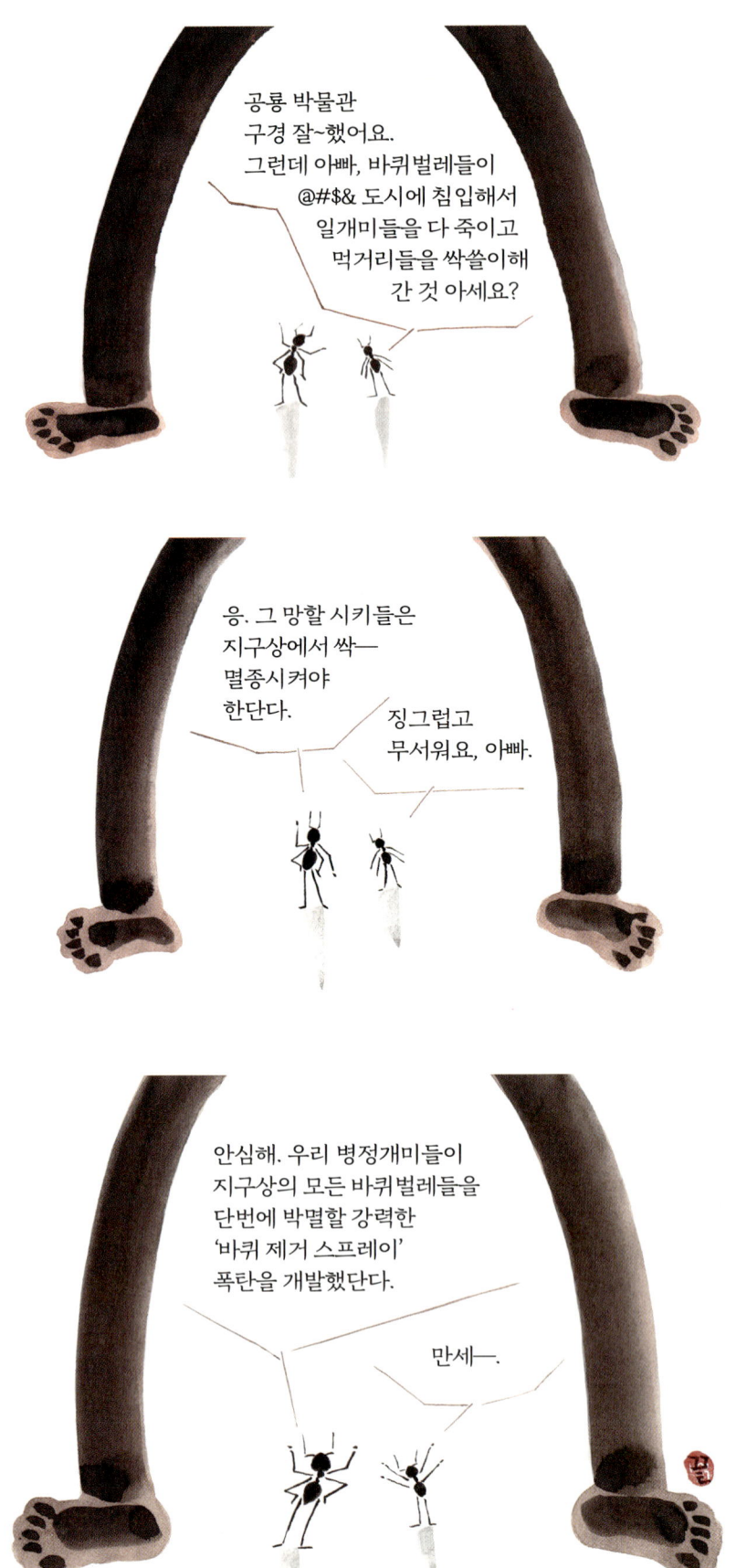

# 황토 이야기

 그저 황토 한 줌과            물 조금이면 충분하였다.

조물주가 흙으로 사람을 지으시고

그 코에 생기를 불어넣으시니

그로부터 인간은 본능적으로 땅을 향한 집착의 역사를 시작하였다.

개인은 개인대로, 　　　　　　인류 역사의 대부분을 땅따먹기의 싸움과
국가는 국가대로 　　　　　　　　　　　전쟁으로 허비하였다.

다시 한 줌의 마른 흙으로 돌아갈 때까지

조물주의 지음 받은 이들이 인간만이 아니란 걸 잊은 채…….

숲과 물,

바다와 하늘,

그리고 땅이

인간만의 놀이터가 아니란 걸 늘 잊은 채…….

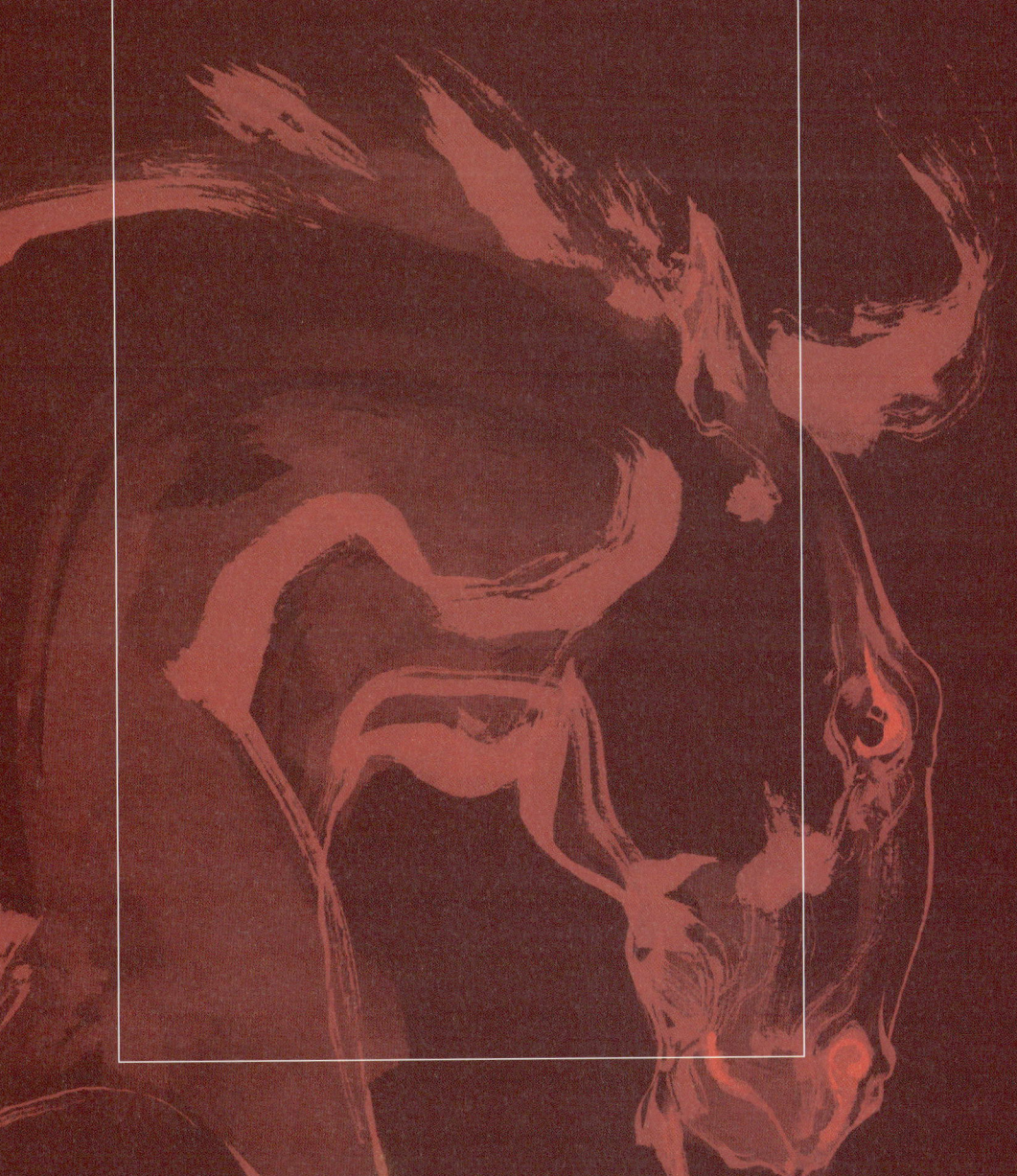

# 3
# 돌탑 쌓기

— 속삭이는 삶의 노래

# 달리는 아이들

무슨 대단한 꿈을 그리 꾸는지

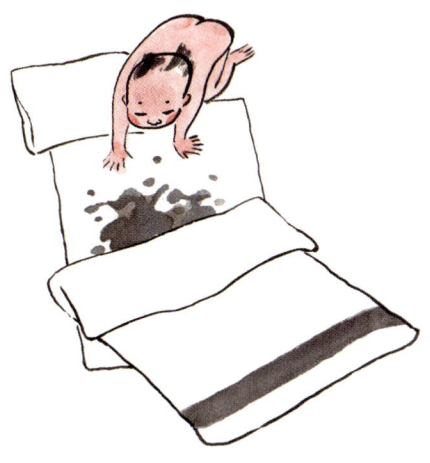

날마다 이불에 세계 지도를 멋지게
그려 내는 아이가 있었지요.

어머니는 2층 발코니에 아이의 얼룩진 이불을
널어 말렸습니다.

아이의 세계 지도는 유엔의 깃발처럼
날마다 펄럭였습니다.

얘, 같이 가.

엄마 심부름이 있어.
미안…….

아이는 학교가 끝나기 무섭게
남보다 앞서 집을 향해 정신없이 달렸습니다.

친구들이, 짝사랑하는 여자애가
집 앞을 지나기 전에

먼저 그 창피하고 지긋지긋한
유엔 깃발을 걷어 내야 했으니까요.

날마다 하늘, 땅이 노래지도록
달리고 또 달렸습니다.

초등학교, 중학교까지 그렇게…….

그토록 열심히 달린 덕분에

고등학교 땐 주 대표가 되고
대학교 땐 미국 국가 대표 선수가 되어

세계 올림픽 육상 경기에서 금메달을 목에 걸었다지요.

우리나라에도 열심히 달리는
아이가 있었습니다.

유명 브랜드 운동화가 청소년 사이에서
한창 유행하던 때가 있었습니다.

집이 가난하여 싸구려 운동화도 겨우 신을 수 있었던 그런 아이였는데

갖고 싶은 유명 상표 운동화는 그저 꿈일 뿐.

길에서 유명 상표를 번쩍이며 다니는 애들을 만나면

달렸답니다.

싸구려 신발 상표가 보이지 않게 겁나게 달리고 또 달렸답니다.

그 아이는 훗날 세계적인 마라톤 선수가 되었는데

어린 시절 갖고 싶던 그 유명 상표 회사의 후원으로
수천만 원의 황금색 찬란한 운동화를 신고 달렸다지요.

누구나 열등감 얼마쯤은 지니고 삽니다.
오리 새끼에서 백조로 변한 이들에게서 그것을 딛고 일어선 삶을 봅니다.

# 불놀이

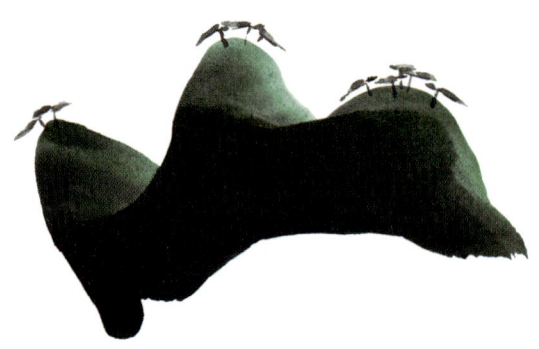

사랑으로······.

어미가 내게 작은 등불 하나 들려서

세상 나들이 길 심부름 보냈다지.

심부름 끝내고 올 때까지
불 꺼트리지 말라고 하셨네.

한 치 앞도 모르는 세상길
발치에 솟은 돌뿌리 정도는

네 그 작은 불빛으로 넘어지지 않고
넘을 수 있을 거라고…….

다른 이들도 등불 하나씩 들었네.

크고 작고 세모지고 네모지고 또 둥글기도 하고

붉고 푸르고 노랗고

은하수의 별들을 하나씩 품은 것처럼…….

하늘, 바다, 땅 친구들도

한 등불씩 했고

큰 등을 지닌 이를 만나면
내 작은 등불이 부끄럽기도 했으나

작은 등불 지닌 이들끼리 모이면
그 빛 또한 무지갯빛 되어 영롱하더라.

간혹 회색 등불을 든
길 잃은 이를 만나면

그이는 어미의 심부름도, 어미도
다 잊었다고 하더라.

등불은 추울 땐 내 몸 녹여 주는
작은 난로가 되기도 하며

폭풍 일 땐 내가 작은 등대가 되기도 하고
다른 이가 나의 등대가 되기도 했어.

어느 땐 못된 불장난에 빠져 놀다가

등불 꺼질 뻔한 적도 있었지만

같은 색의 등불 가진 이가 나타나

내 등불에 불씨 나눠 주어

그이와 오래 동행 길 가기도 했네.

때때로 꺼진 등불 들고
어둠을 헤매는 이 있으면

내 불도 나눠 가졌어.

우리 모두 서로서로
높은 곳도 낮은 곳도 비추며

때로는 꽃길도

험한 길, 물도 다 넘고 넘어

그래도 등불 켠 채로

나들이 길 심부름 다 끝내고

고향 땅 어미에게 다시 돌아와

토닥토닥 심부름 잘했다고 칭찬 들으며

나, 어미 옆자리 팔베개하고 단잠 들었네.

# 번지 점프를 하다

난 허리를 펼라 졸라맨 '졸라맨'이다.
세상을 상대하는 '파이터'이기도 하지.

세상을 상대하는 '파이터'라지만, 글쎄…….
'슈퍼맨'처럼 하늘을 날아 지구를 지키는 것도,
고독남 '배트맨'처럼 멋지지도 않아.

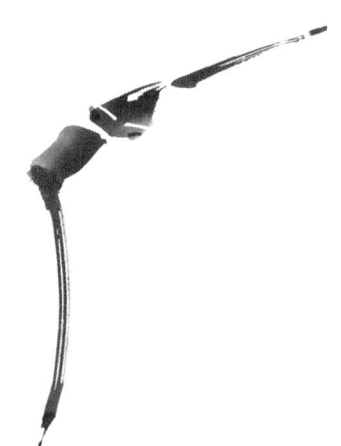

청솔, 청죽처럼 꿋꿋하지도
설중매처럼 고고해 뵈지도 않아.

호리 낭창한 몸매에 왜소한 체격,
더러 정의와 사랑도 외치지만 글쎄…….

그저 옥죄어 오는 현실을 견뎌 나가려  오늘도 잔뜩 졸라맨 허리띠를 또 한번 졸라매고

집을 나선다.

그리고 오늘도 숨 가쁘게 계단을 오른다.　　　　오르고 또 올라 숨이 턱에 찰 때쯤

미끄러져 곤두박질……. 점핑을 한다.

내일은 구름의 높이에서

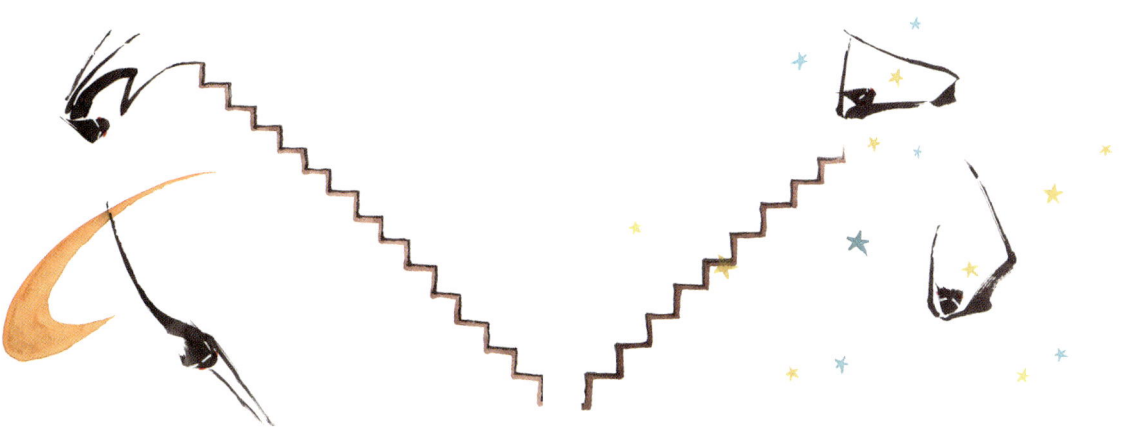

또 그다음엔 달과 같이　　　　　　다음 점핑 때에는 더 높이 오르고 또 나가떨어지지.

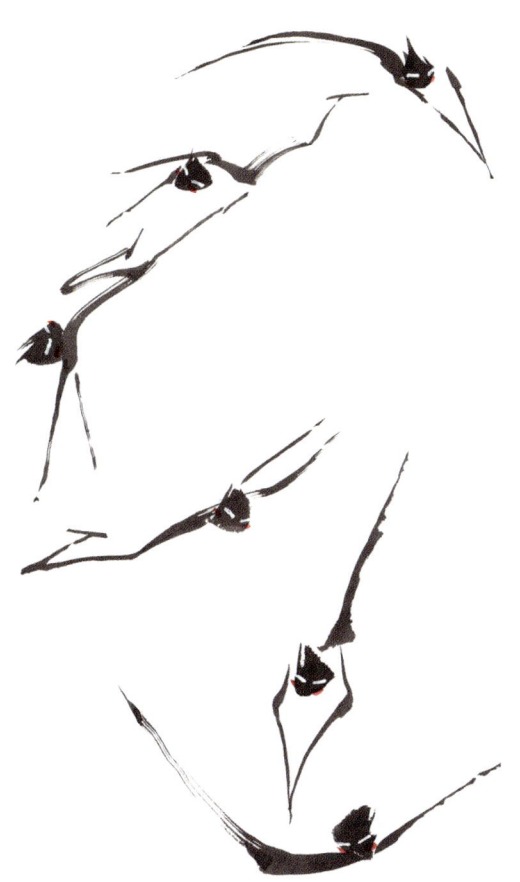

더 깊은 절망의 나락을 체험하지.

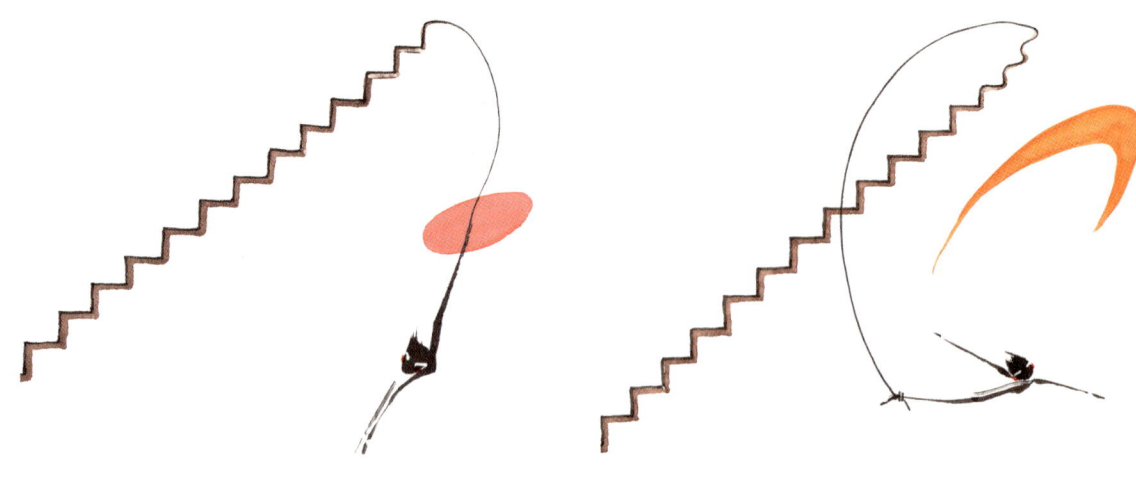

신은 목숨 줄을 내 몸에 묶어

늘 내 능력의 한계를, 인내력을 시험하거든.

이놈 놀랐지?

번지 점프 어때?

휴우~

하면서…….

나는 '파이터'다. 허리를 졸라 졸라맨 '졸라맨'이다.

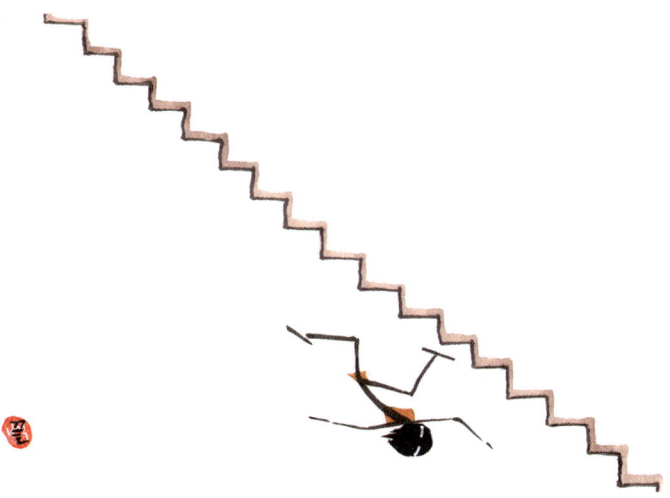

오늘도 열라 계단을 오른다.

# 작은 의자

난 산골 작은 학교에 사는

작은 나무 의자라네.

네모돌이, 세모돌이, 넙죽이, 길죽이,

새침이, 얌전이

모두모두 날 친구 해서 배우며 뛰놀다 갔다네.

그 아이들은 나이 들며 더 높은 의자로

점점 큰 의자로

더 푹신하고 안락한 고급 의자로 옮겨 앉아 갔다네.

내가 늙어 온몸이 삐걱거릴 즈음

멋진 새 의자가 들어오고

나와 나무 의자 친구들은 동네 사람들의 불쏘시개로 버려졌네.

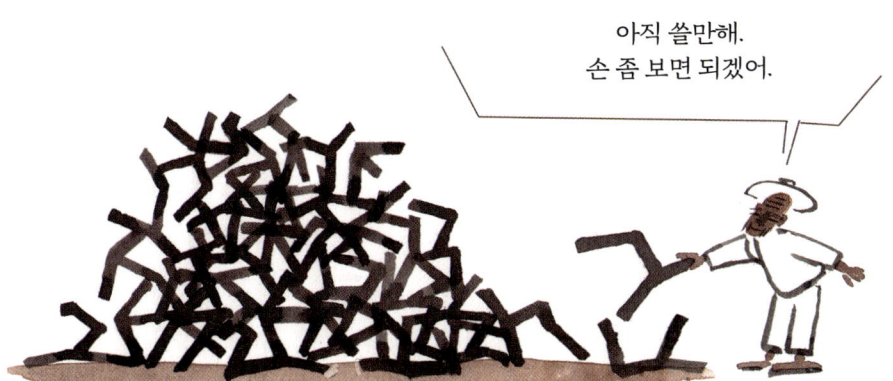

늙은 친구와 나는 행복합니다.

뜨는 해,

지는 해, 다 아름답습니다.

아침노을, 저녁노을, 둘다 곱디고운 것처럼….

# 돌탑 쌓기

돌에

내 소망 하나씩을 얹어

돌탑을 쌓아 나갔지.

날마다 내 소망은 커져만 가고

그만큼 돌탑은 높아만 갔어.

애야, 네가 쌓은 건 네 소망이 아니란다.

바벨탑 같은…… 네 욕심의 탑이 되었구나.

너무 높으면 결국 무너지고 만단다.

하나하나 내려놓아 보렴.

네가 감당할 수 있을 만큼…….

무너지지 않을 만큼…….

그래 그래 그만큼…… 네 키 높이만큼…….

동네 만당에 큰 나무 하나와
솟대 몇이 서 있었어.

동네 사람들이 오가며 좋은 일, 궂은 일
비나리 하는 곳이지.

꼬맹이들이 무슨 소원이 그리도 많았는지

날마다 등하굣길에 솟대 아래에
소원이 담긴 돌 하나씩 놓았다네.

하루에도 수십 개의 돌맹이가 올려지는데도

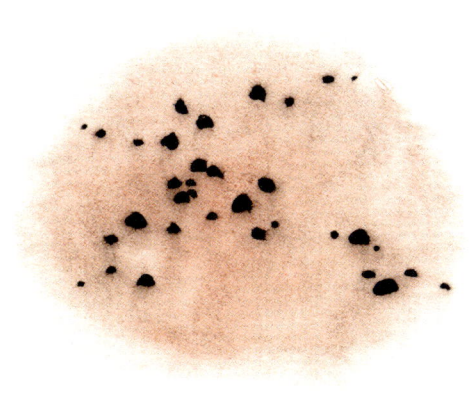

몇 달이 지나도 돌무더기의 높이는
그닥 높아지지 않아.

망할 놈의 도깨비가
심술로 탑돌을 마구 던진다구.
썩을 놈들…….

동네 욕쟁이 할매 말로는

바람 때문이거나
길냥이, 너구리들의
장난일 거야.

늘 바른말만 하는 약동이 아버지는

인자한 영팔네 할배 말씀으론

이 말도 맞고
저 말도 맞고…….
허허…….
하지만 사실은

솟대 위의
기러기가

밤이 되면
깨어나거든.

사람들
소원이 든
돌탑 돌을
물고선

하늘나라로
날아가는 게야.

비나리 돌로 하늘나라에
돌탑을 쌓아 놓는 게야.

사람들 정성을

하늘님께
보이기 위한 거야.

우리는 더욱 정성 들여 돌탑을 쌓아 나갔다.

하늘에 쌓이는 돌탑 높이만큼
나도 친구들도 솟대처럼 껑충 자랐다.

고향, 타향에 떨어져 살면서도 힘들 때마다
서로서로 비나리 돌을 주고받으며

서로가 서로의 솟대가 되어 의지하며
풍진 세월을 견뎌 왔어.

허리 굽어 내 키가 작아지는 만큼
비나리 돌탑도 적어지고 낮아져

마지막 돌 하나 남으면
　　　가야지.

하늘에 마지막 돌 하나 놓으러 가야 한다.

돌 하나 입에 물고 기러기처럼…….

# 조각보 같은 삶

흙 파먹고 살더니 흙빛 들었네.

물 짜 먹고 살더니 쪽빛 들었네.

사래 긴 밭 매다가 풀빛 들었네.

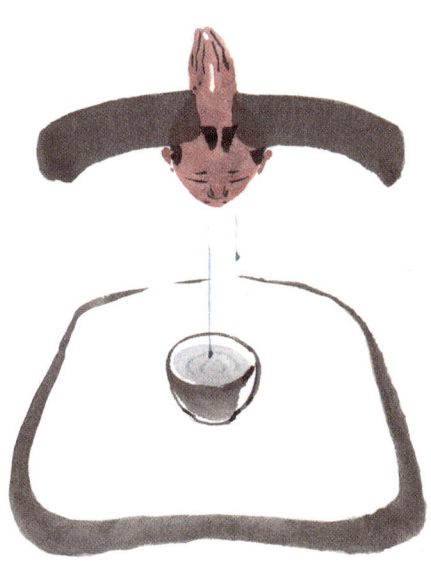

정한수 한 사발 눈물로 채우더니 한, 방울방울 들었네.

실 한 나락 한 다발 들고 서서
누런 미소 헤벌쭉 씨익—.

방앗간 집 큰며느리
보름달 달 항아리처럼
그 아후라, 후덕하게도 남았고

삼거리 길 주모 간들어진 육자배기 가락
호리 낭창 호리 술병 속
곰삭은 탁주로 남았네.

풀 잘 먹여 곱게 다림질한 한산 세모시 두루마기
김 선비 헛기침에 잠자리 날개처럼
사르르 떨며 남았고

종갓집 씨동이 얻은 아낙
그 젖통 자랑스레 부풀어
탐스럽게도 남았으며

오줌싸개 녀석 눈물로 얻어 온
소금 한 줌
지린 짠내로 남았네.

더러, 땀 냄새 거름 냄새 등지게 사이로 풀풀 남았고

금자동이 손주 아해 침물 콧물 할매 등짝에 범벅이 되어 남았네.

가을걷이 치마폭에 다 담고도 이웃에 건넬 만큼은 늘 앞치마 크기로 남겼고

한 지붕 가족들도 한 색깔씩 물들었네.

흙빛, 쪽빛, 물빛……. 한 조각 한 조각 낡고 빛바래 보잘것없어도

조각조각 서로 이어 놓으면
조금 시금털털하긴 해도 제법 아름다운 거야.

그저 한 조각씩이면
그만한 거야.

살 만한 거야.

# 어머니의 방주

개벽의 날이 왔다.

하늘 문이 열리고 둑이 터지듯
장대비가 쏟아지기 시작했다.

살아남을 길은 하늘이 마련해 놓은
방주를 타는 것뿐.

우리 형제 모두는 살아남기 위해
방주를 향해 달렸다.

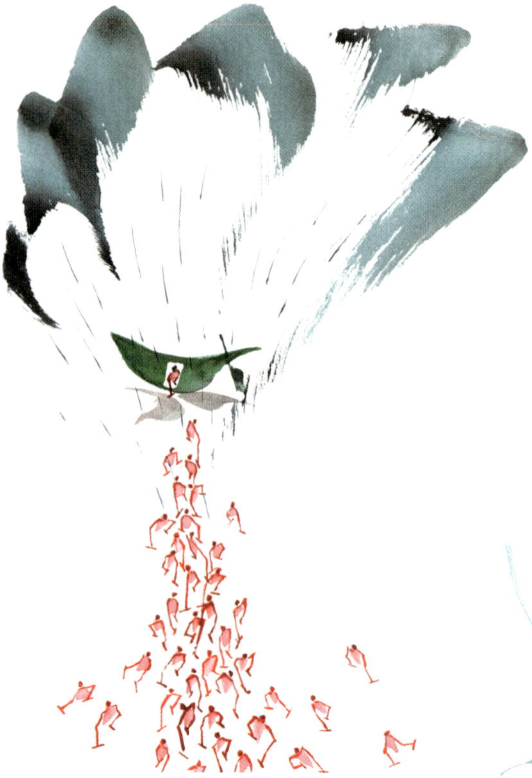

형제 중, 하늘로부터 유일한 사람으로
선택받은 나는 제일 먼저
방주에 몸을 실었지.

내가 타자마자
방주의 문은 굳게 닫혔고

모든 형제들은 홍수에 휩쓸려 죽어 갔다네.

어둠도 밝음도 없는 방주 안에서
짧고도 긴 천국의 꿈을 꾸었다.

위도 아래도 없는……
끝 모를 우주를 여행하는 꿈을 꾸었다.

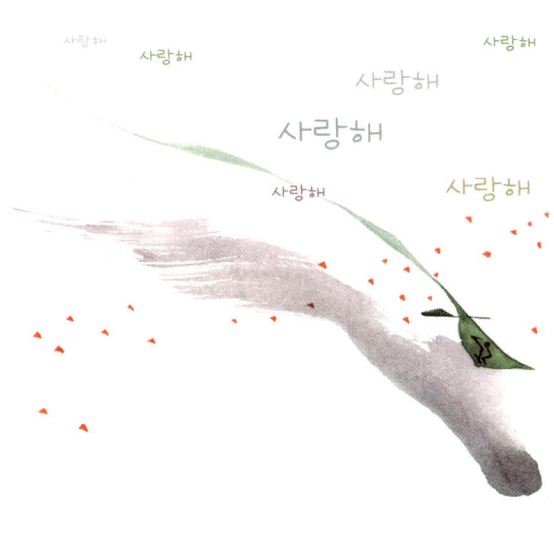

한없이 큰 사랑을 끝없이 먹여 주는
다디단 꿈을 꾸었다.

그 꿈을 먹으며 내 몸은 점점 커져 갔어.
하늘의 샘이 닫혀 바다의 물이 마르기 시작할 때

방주가 비좁을 만큼 몸은 커지고
몸을 뒤척일 때마다 언뜻언뜻
꿈에서 깨어나기도 할 즈음

삐그덕~
방주는 마른땅 위에 내려앉고

쏟아지는 빛과 함께
천지의 문이 열렸다.

"나아가거라, 나아가서 번성하거라."  "너는 때 묻지 않은 의로운 사람인 거야."

생명을 잉태한 어머니의 열 달…….

아이는 하얗고 하얀
때 묻지 않은 순백(白)의 사람입니다.

오래전, 사람들은 다른 네발 동물들과
낮은 자리에서 서로 눈높이를 맞추고
어울려 사는 의인들이었습니다.

어느 날, 호기심이 일어 다른 동물들보다
좀 더 멀리 보려고 두 발만으로 일어섰지요.

아비와 어미는 아이들에게
아낌없이 다 주었답니다.

풍요로운 먹거리도 늘 주었답니다.

아름다운 세상과 모든 장난감도 다 주었답니다.

아이들은 풍요함을 모릅니다.
좋은 장난감도 금방 싫증을 내지요.

멀리 있는 남의 것에 더 호기심을 가집니다.
높이 있는 어른들의 것에 더 호기심을 가집니다.

하지 말라는 것에 더욱 호기심을 가집니다.

그리고……

선함과 악함을 먹고 자라 어른이 되지요.

슬픔과 분노…… 부끄러움을 알게 되지요.

근심과 슬픔, 끝없는 욕망의
세월을 살게 되지요.

가시나무새처럼 가시넝쿨과 같은 세상에
가시관을 쓰고 살아가지요.

겨울 같은 삶을 살아가지요.

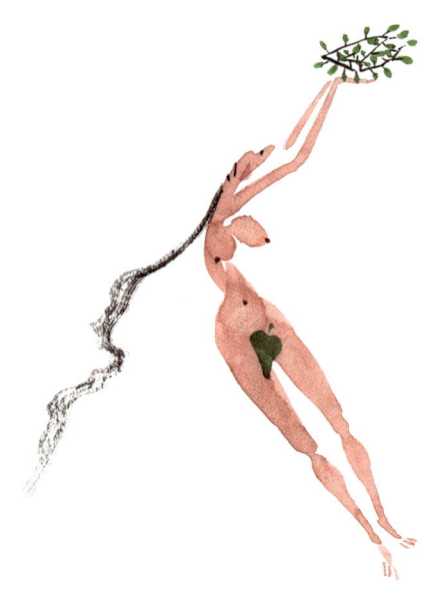

때론 희망이라는 봄이 있습니다.
가시관에 꽃봉오리 돋아나는
부활의 계절도 있지요.

기쁨과 환희의 화관을 쓸 때도 있지요.

봄, 여름, 가을, 겨울……
또 봄을 그렇게 살아가겠지요.

가시관도 화관도 어느덧 세월에 바래 백발이 되어

그 백발, 한 가닥 한 가닥 빠질 때마다
지나온 영욕의 삶들도 하나씩 잊고 비워지더니

깜빡깜빡
시간의 흐름마저 다 지우고 지워져서

쏟아지는 빛과 함께 천지의 문이 열렸다.

아득한 옛날 어머니의 방주를 탔을 때처럼…….

# 까마귀에게 길을 묻다

'자오(慈鳥)', 자비로울 자(慈), 까마귀 오(鳥)

'효조(孝鳥)', 효도 효(孝), 새 조(鳥).
모두 까마귀를 이르는 말.

백로처럼 하얗고 날씬하면 참 좋을 테야.

하지만 까마귀 겉모습 검고 못나고

목소리까지 탁하고 불쾌해서
평생 갈고닦을 건 마음밖에 없었을 거야.

그래서 효도하고 또 효도하여

나라를 상징하는 세 발 까마귀(삼족오)가 된 걸 거야.

또 다른 전설처럼
추위에 떠는 모든 동물들에게 불을 주기 위해
태양을 향해 용감히 날아 올라가서

물고 오던 불씨에 온몸을 그을려
까맣게 되어 버렸다지.

그 살신성인의 희생정신으로
태양을 품는 세 발 까마귀가 된 걸 거야.

그 벗에게 참된 길을 물어볼까?

속마음 하얗게 살 수 있는지 물어볼까?

어떻게 하면 세 발 까마귀가 될 수 있는지 물어볼까?

"높은 산처럼 천만 년을 남에게
자비와 풍요를 베풀면 그리 될 수 있지."

"소나무처럼 일평생 흔들림 없는
청청한 기상으로 살 수 있으면
그리 될 수 있지."

"사과나무처럼 늘 아낌없이 주며 살 수 있으면 그리 될 수 있지."

"들꽃 한 송이처럼 지나는 이에게 언제나
기쁨과 행복함 줄 수 있다면 그리 될 수 있지."

"느릿느릿 황소 걸음으로 천 리를 가는 끈기와
평생 남을 위해 일하고
죽어서도 살과 뼈까지 줄 수 있다면
그리 될 수 있지."

"고양이 쥐 잡듯 상대를 놀리지 않고
호랑이처럼 토끼 한마리와 상대할 때도
최선을 다하는 상대에 대한 존중……
그리 될 수 있지."

"비록 내일 한 마리 통닭이 될지라도
오늘 새벽을 깨우는 책임감……
그리 될 수 있지."

"사람을 볼 땐…… 그 참……."

"그 참 묘하구나 생각하는 거야."

"그 참…… 우환 덩어리구나 생각되는 거야."

"만물의 영장이라고 뽐낼수록 더욱 못나 보이는 것이 사람인 거야."

"그 참…… 별로 배울 것이 없는 게 사람인 거야."

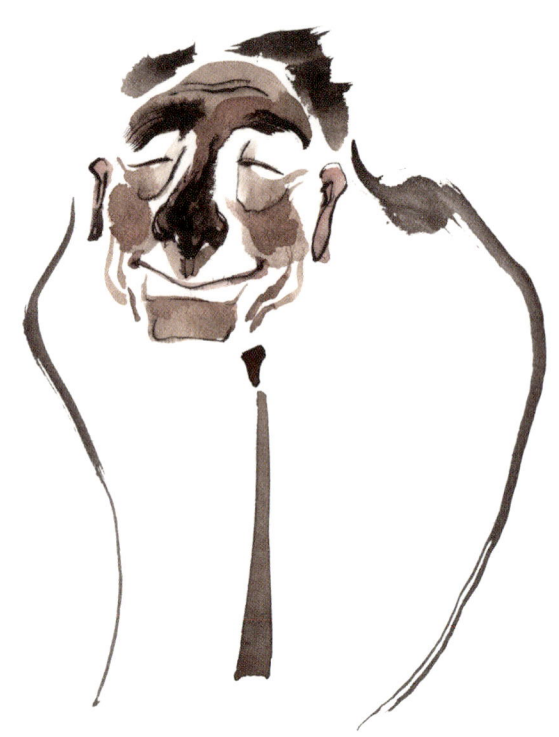

"배울 것이 없어서 더욱 딱하고 애처로운 게 사람인 거야."

"애처롭고 딱해 더욱 사랑해 줘야 하는 것이 사람인 거야. 네가 그 사람인 거야."

"어려서는 성현을 배우려다
중년엔 현자를 바랐더니
늙어선 바보가 되었네."

— 정약용 어르신 말씀

# 박씨 할배

동네에 92세 된 할배 한 분 홀로 사셔.

아니 아니, 자기 마음대로 굴러 들어와서 배 째라 하고 눌러앉은
고등어 무늬 길고양이 한 마리와 둘이 산다.

욕심이 많아 집 뒤 텃밭에 이것저것 많이도 심어 놓으셨다.

손자, 증손자까지 본 할배,
자식들이 걱정하여
모시겠다고 해도 싫단다.

짐 되기 싫어.

불편해.
서로 불편해.

야옹.

황해도에서 아내와 같이 월남하여
5남매를 낳아 그럭저럭 잘 키워 내셨다지.

아내가 전신불수가 되어 자리에 눕자
4년여를 지극정성으로 병간호를 한다.

내가 할멈에겐
죄가 많아.

70년을 같이 살며
몹쓸 짓을 많이 했지.

간만에 눈썹을 세우곤

남쪽, 북쪽
그 담당자 노무 시키들……
다 죽일 놈들이야!

할배 집 괭이가 나무에 자주 올라가
새들을 쫓길래 물었더니

까치 소리에
내 낮잠 깰까 봐
그러는 게야.

괭이 녀석이 며칠 전,
할멈 제삿날에
어디서 생선 한 마리를 물고 와선
마당에서 서성대길래

뺏어서
할멈 제삿상에 올렸지.

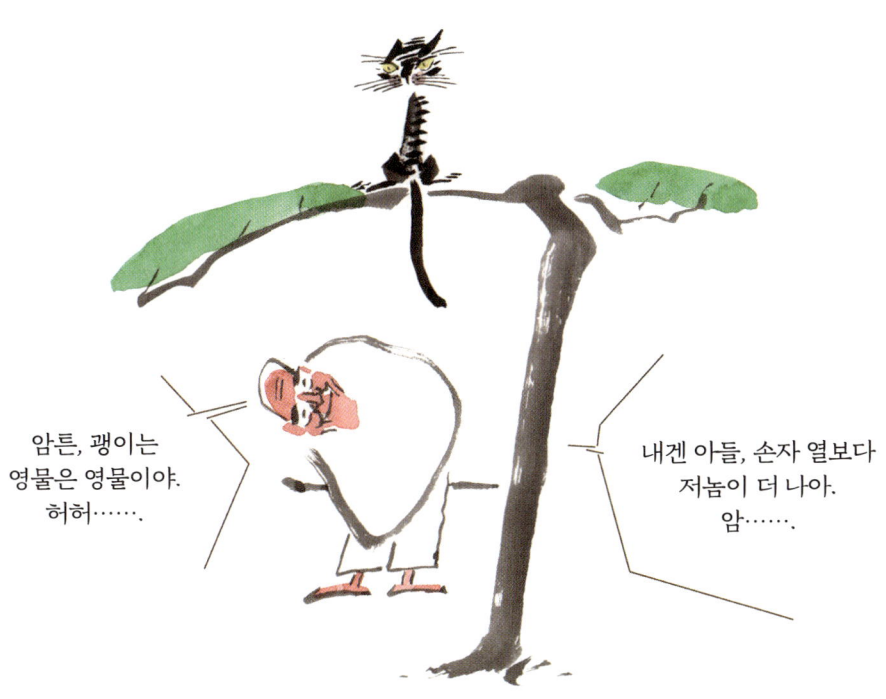

식욕 또한 이상 무.

자장면 드시는 속도는
보통 사람들보다
배는 빠르다.

신기하게 눈도 좋아
돋보기 없이도 잔글씨까지 다 잘 읽고

귀도 밝아
동네 할매들이 할배를 두고
수군대는 소리도 다 잘 듣는다.
뭐라고 수군대냐구?

글쎄 박씨 영감이
정선이 할매 보구 혼자 살기 적적하믄
자기 집에 들어와서 살라구 하믄서
손을…….

워메!

어쩌까!

그 쑥덕거림 이후로 할배는
말수가 적어지고
어깨가 처진 듯하더니

걸음걸이까지 부실해 뵈고

숨이 차서 동네 길 나들이도
힘에 겹다고…….

어제는 급기야 길에서 정신 줄 놓고 쓰러져
119와 병원 응급실 신세를 졌다더니

야아옹~

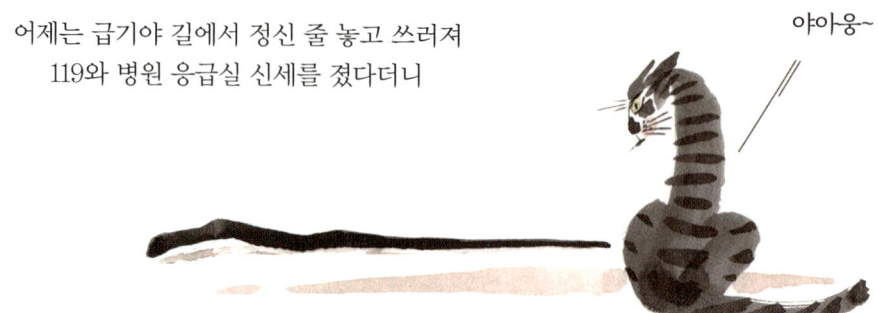

상봉단 관계자, 그놈들한테선
아직 아무 소식이 없단다.

# 목마른 여자

2000년 전, 세상의 모든 남자를 고를 수 있는 미인이 살았지요.

첫 결혼은 황금에 취해 돈 많은 부자를 택했는데

황금만을 좇는 돈의 노예됨이 공허하여 이혼했고

힘에 취해 권력자와 두 번째 결혼을 했으나

권모와 술수, 적과의 끝없는 싸움에 진저리가 나서 갈라섰으며

또 만인의 우상인 위대한 학자와 혼인했는데

학문이란 연인에게 늘 남편을 빼앗겨 지쳐 돌아서야 했지요.

건강하고 정직한 전원생활을 꿈꾸며 다시 우직한 농부를 택했으나

육체적인 피곤함과 거칠어지는 몸이 싫어 이혼했다던가…….

파도 소리를 벗 삼아 소라고둥의 속삭임이 들리는 평화로움에
어부와 다섯 번째 결혼을 했으나

풍랑 속으로 떠나보낸 남편 걱정에 불안을 이기지 못해 또 이혼을 하고 말았다지요.

참행복의 무지개를 찾아 산을 넘고 또 넘었으나

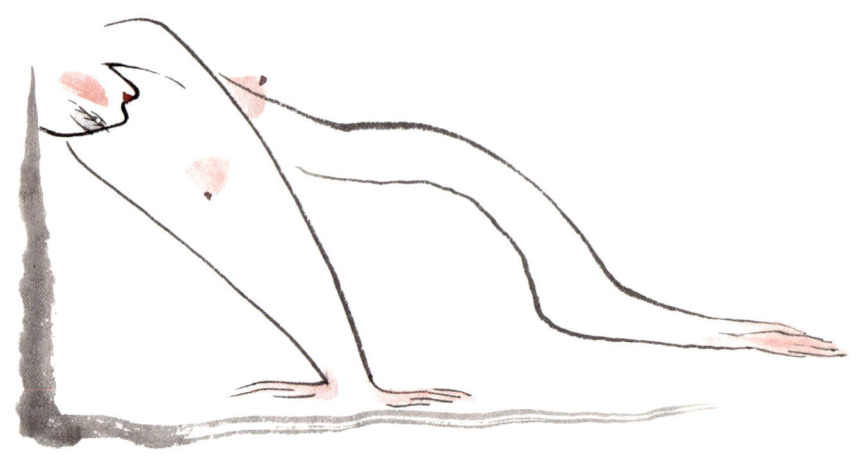

남은 건 절망뿐…….

언제나 목마르지 않는 생수를 찾아서

마셔도 마셔도 세상의 물은
타는 목마름뿐이었지요.

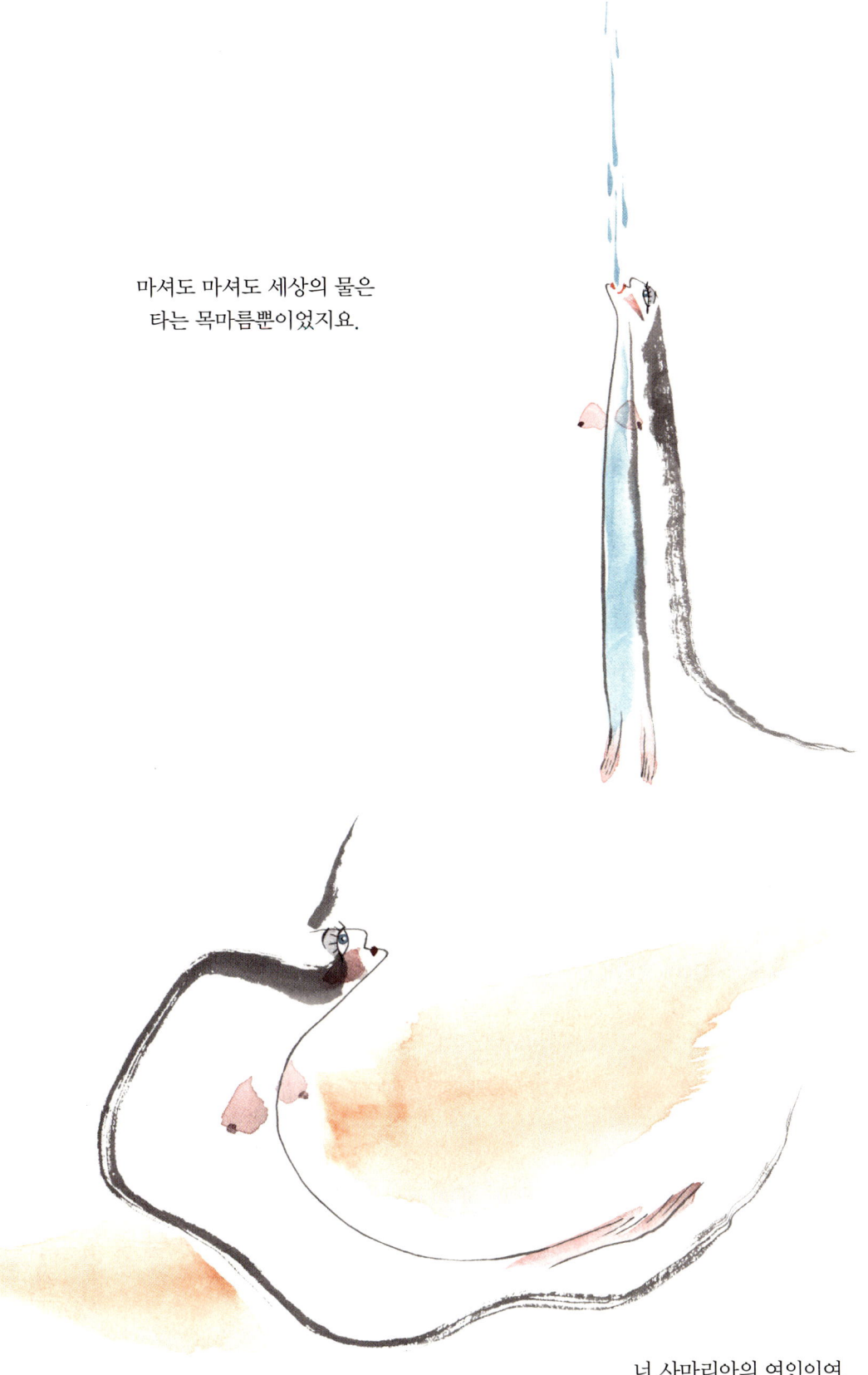

너 사마리아의 여인이여.

님으로부터 2000년이 흘렀으나
한 치 앞도 모르는 세상의 황사 속에서

우리도 여기
사마리아 여인처럼
여전히 목마르다오.

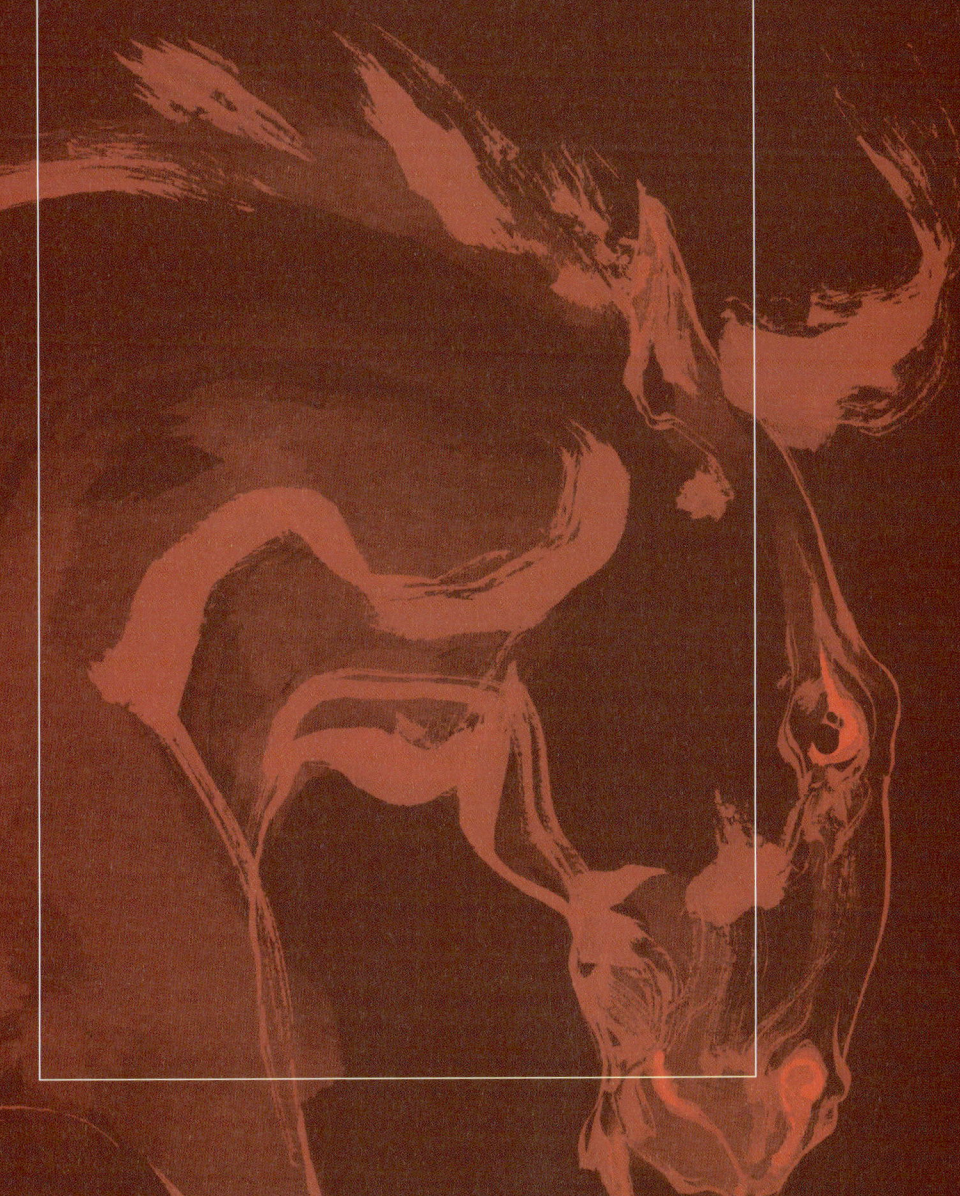

부록
# 별의 고향

# 별의 고향

1592년 임진왜란.

한양 궁궐이 불타올랐다.
그와 함께 궁궐에 보관되어 있던 관노비의 문서도 재가 되어 버렸는데

이는 자유를 갈망하던 성안, 권력가들의 집에 있던
관노비에 의해서였다.

"부화뇌동한 어리석은 노비나
자수한 자들은 죄를 특별히 사면할 것이다."

"그 주동자들은
끝까지 추적하여 잡아 죽여."

"그냥 두면 세력을 키워
왕권도 위태로울 것이야."

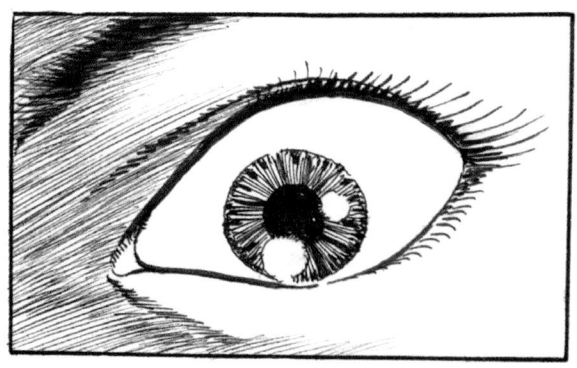

아버지, 저…… 저기 사람이……!

장에 가면 송이와 여우 가죽을 돈으로 바꾸어
간생선하구 곡괭이, 호미 몇 개 사 들구 와.
옛날엔 김천장까지 50리 산길을 날아다녔는데
이젠 앞산 오르기도 힘드니……. 휴우~.

김천장 보러 가오?

예.

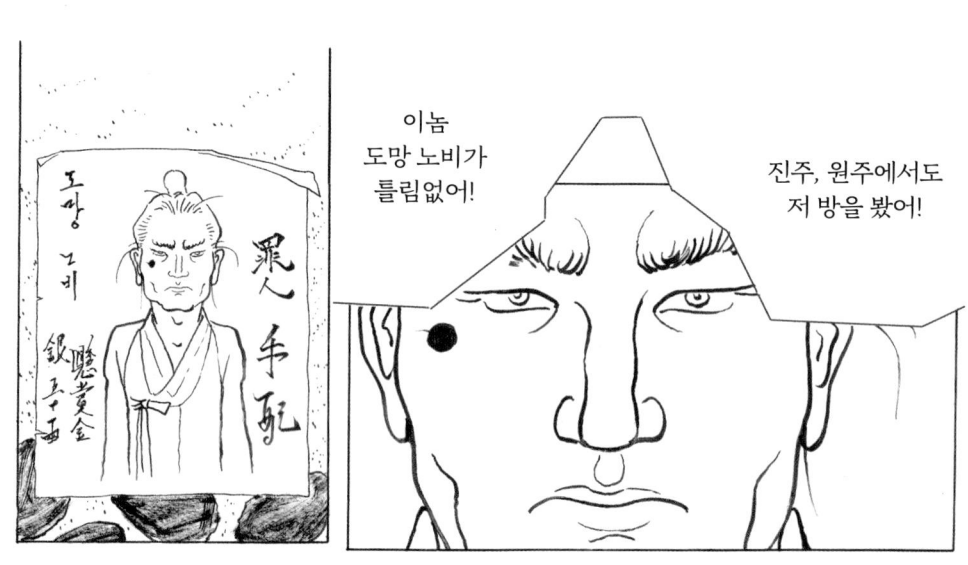

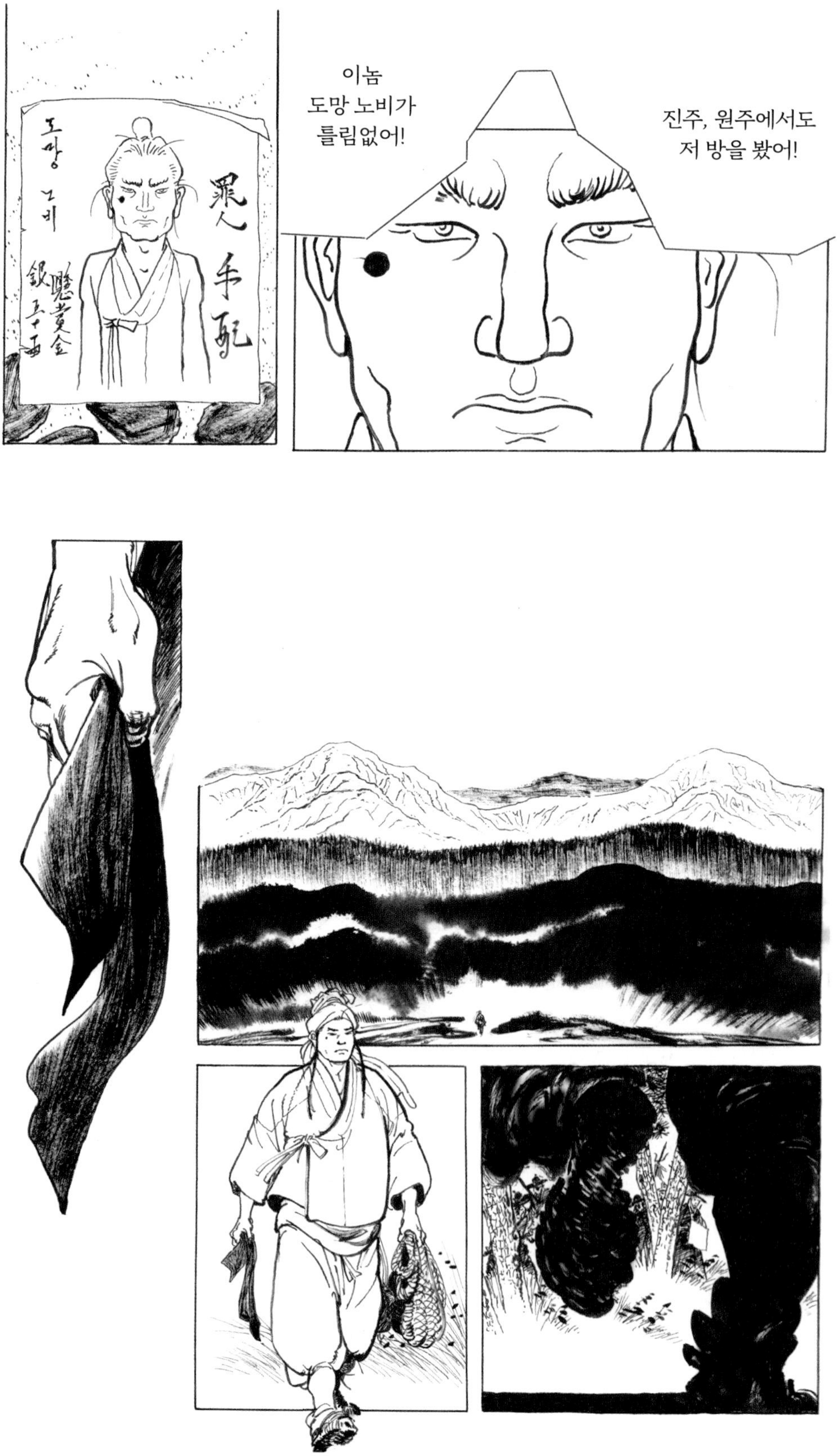